KB275393

지속가능한 세상에서
동물과 공존한다는 것

**지속가능한 세상에서
동물과 공존한다는 것**

| 초판 1쇄 | 2022년 2월 28일 |
| 초판 4쇄 | 2024년 7월 11일 |

| 지은이 | 배성호·주수원 |

편집	김영미
디자인	design KAZ
제작	공간

펴낸곳	이상북스
출판등록	제313-2009-7호(2009년 1월 13일)
주소	10546 경기도 고양시 덕양구 향기로 30, 106-1004
전화번호	02-6082-2562
팩스	02-3144-2562
이메일	klaff@hanmail.net

| ISBN | 978-89-93690-93-4 (43190) |

지속가능한 세상에서
동물과 공존한다는 것
인간중심주의에서 벗어나기
배성호·주수원 지음
이상북스

동물 공존 모색하기

여러분 가이아^{Gaia}라는 말을 들어본 적이 있나요? 가이아는 고대 그리스인들이 대지의 여신을 부른 이름입니다. 대지의 여신 가이아는 '땅' '대지' 또는 '지구'를 뜻합니다. 영국의 과학자 제임스 러브록은 1978년 자신의 책《가이아》*Gaia: A New Look at Life on Earth*에서 지구를 '가이아'라고 칭했습니다. 그에게 가이아란 지구와 지구에 살고 있는 생물, 대기권, 대양, 토양까지를 포함한 말입니다. 지구를 생물과 무생물이 상호작용하면서 스스로 진화하고 변화해 나가는 하나의 생명체이자 유기체로 본 것이죠. 한마디로 '지구는 살아 있다'는 이야기랍니다.

얼핏 황당하게도 들릴 수 있는 이야기입니다. 하지만 이 관점에는 인간 역시 지구의 일부라는 철학이 담겨 있습니다. 자연을 이용과 정복의 대상으로만 취급해 온 것에서 벗어나자는 주장이죠. 인류는 가이아의 파트너이자 일원이면서 지구의 주인인 양 행세

해 왔습니다. 러브록의 주장처럼 지구상의 모든 요소는 서로 밀접하게 상호작용하고 있습니다.

그렇기에 우리는 지구 안에서 더불어 살아가는 공존의 자세를 배워야 합니다. 인간이 지구에서 지속가능한 삶을 살기 위해서도 공존은 필요합니다. 실제로 2017년 뉴질랜드에서는 마오리족 원주민이 강을 보호하기 쉽도록 황가누이강에 법인격을 부여하기도 했습니다. 강을 소유와 관리의 관점에서 다룬 그동안의 태도에서 벗어나, 강을 살아 있는 존재로 보고 법적 지위를 부여하는 법을 만든 것이지요.

이 책에는 지구와 함께 살아가기 위한 인간과 동물의 공존 이야기를 담았습니다. 과학자들은 동물과의 공존을 "야생동물이 인간과 더불어 살아가는 지역에서 역동적이면서도 지속가능하게 살아가는 상태"로 정의합니다. 오늘날 환경오염으로 인해 1년에 1만 7천여 종에서 15만여 종에 달하는 생물이 멸종하고 있습니다. 지금 호주에 사는 코알라는 무분별한 개발로 인해 서식지를 잃고 새로운 환경에 적응하지 못하고 있습니다. 움직임이 느린 탓에 지나다니는 차에 치여 목숨을 잃기도 합니다. 서식지가 변화함에 따라 적응력이 떨어져 새로운 전염병이 돌면서 많은 코알라가 목숨을 잃었습니다. 이는 코알라의 멸종으로 이어지고 있지요.

 지속가능한 세상에서 동물과 공존한다는 것

이러한 동물들의 멸종은 인간의 삶에도 영향을 미칩니다. 과학자 아인슈타인은 "지구상에서 벌이 사라지면 식물이 멸종하고 인류도 4년 안에 사라질 것"이라고 경고했습니다. 벌은 세계 식량의 90%를 차지하는 100대 주요 농작물 71%의 수분(종자식물에서 수술의 화분이 암술머리에 옮겨 붙는 일) 작용을 하고 있습니다. 이를 통해 열매가 맺히고 씨앗이 생기면서 생태계가 유지됩니다. 이렇게 소중한 벌이 오늘날 사라져 가고 있습니다. 전 세계 야생벌 2만여 종 가운데 8천여 종이 멸종 위기에 처했으며, 여러 지역에서 꿀벌의 30-40%가 사라지고 있습니다. 인간이 만들어 낸 기후변화, 급격히 늘어난 농약 및 화학약품 사용 등이 그 원인입니다.

동물과의 공존은 인간중심주의에서 벗어나 동물의 관점에서 바라보는 일에서부터 시작합니다. 호주의 철학자 피터 싱어는 1975년 《동물 해방》*Animal Liberation* 이란 책을 통해 동물 역시 인간처럼 고통과 쾌락을 느낄 수 있기에, 인간과 동물이 동등하다고 했습니다. 그렇기에 인간에게 인권이 있듯 동물에게도 동물권이 있어야 하며, 인간의 삶에 복지가 중요하듯 동물 복지도 중요합니다.

이런 생각들이 모여 1978년 '세계동물권선언'이 발표되었습니다. 이 선언에는 모든 동물은 태어나면서부터 평등하고, 생존할 권리를 가지며, 인간 또한 동물의 한 종으로서 다른 동물을 몰살시키거나 비인도적으로 착취하고 그 권리를 침해서는 안 된다는 내용이 담겨 있습니다. 우리나라 동물보호법에도 동물이 본래의 습성과 신체의 원형을 유지하면서 정상적으로 살 수 있도록 할 것, 동물이 갈증 및 굶주림을 겪거나 영양이 결핍되지 않도록 할 것 등의 동물 보호 원칙이 담겨 있지요.

이 책에서는 인간과 동물이 공존해야 하는 이유, 그리고 동물과 공존하는 방법에 대해 이야기를 나눠 보려 합니다. 또 책을 읽는 여러분에게 다양한 질문을 건네려고 합니다. 예를 들어, 2015년 프랑스에서는 '코즈아니말노르'Cause Animale Nord라는 동물 단체 회원이 장애가 있는 노숙인이 반려견을 키우는 것은 '동물 학대'라며, 강제로 강아지를 빼앗아 입양을 보내려 한 일이 있었습니다. 프랑스 경찰에서는 이 단체에 폭행과 절도 혐의를 들어 수사를 진행했고, 결국 강아지를 돌려주는 것으로 합의하여 강아지는 주인에게 돌아갈 수 있었습니다. 당시 프랑스에서는 약 24만 명이 이 사건을 조사해 달라는 청원서에 서명했다고 합니다.

이 사건과 관련해 여러분에게 질문을 던져 봅니다. 노숙인이나 가난한 이들이 자신의 경제적 처지를 고려하지 않고 반려동물을 키우는 것이 문제라고 생각하나요? 아니면 이들 역시 반려동물과의 교감을 통해 행복감을 느낄 수 있도록 사회가 이들에게 지원을

 지속가능한 세상에서 동물과 공존한다는 것

해 주어야 한다고 생각하나요?

사실 이런 질문에 정답이 있지는 않습니다. 저마다의 생각이 다를 수 있기 때문입니다. 중요한 것은 동물과의 공존을 위해 우리가 함께 그 방법을 고민해 보는 것입니다. 이 책에 소개된 동물과 공존하기 위한 다양한 이야기와 실천을 살펴보면서, 사회적 상상력으로 생각을 키워 여러분이 직접 실천으로까지 열어 나가기를 응원합니다.

2022년 1월

배성호, 주수원

[1장]

인간과 동물의 공존이란?

01

동물 보호, 당연한 것일까?

'동물 보호'는 동물이 외부의 위험 등을 겪지 않도록 보살피고, 동물 고유의 습성을 갖도록 하는 일체의 활동을 의미합니다. '잔디밭에 들어가면 안 됩니다'와 같은 푯말을 보면 자연을 보호해야 한다는 생각을 자연스럽게 가지게 되지 않나요? 비록 잘 지키지 못하더라도요. 자연보호를 우리의 의무로 생각하는 것이 이제 별다른 일이 아닌 것처럼, 동물을 보호해야 하는 것도 마찬가지입니다.

육식을 하고 해충을 죽이면서 동물을 보호한다고?

야채, 과일, 곡류만 먹는 사람들도 있지요? 그런 경우가 아니라면 우리는 대체로 소, 돼지, 닭, 물고기 등 다양한 종류의 동물을 먹고 삽니다. 우리나라에 채식을 하는 인구는 약 150만 명으로 추산됩니다. 대다수 사람이 일상적으로 동물을 먹으며 살고 있다는 이야기죠. 동물을 보호한다면서 동물을 먹는 건 뭔가 앞뒤가 안 맞지 않나요?

동물을 먹지 않더라도 동물을 해치는 경우가 많습니다. '저는 동물을 죽인 적이 없는데요'라고 할 수 있어요. 그런데 여러분은 모기나 파리, 바퀴벌레를 죽이지 않았나요? 인간은 생활하면서 혹은 농업 등의 일을 할 때 직간접으로 해를 주는 곤충인 해충을 죽이고 있습니다. 개나 고양이를 해치는 것과 벌레를 죽이는 일이 어떻게 같을 수 있을까 다시 반문할 수 있겠지요.

이와 관련해 고려 시대 학자인 이규보가 쓴 《슬견설》에 나오는 다음 대목을 살펴볼까요?

무릇 피血와 기운氣이 있는 것은 사람으로부터 소, 말, 돼지, 양, 벌레, 개미에 이르기까지 모두가 한결같이 살기를 원하고 죽기를 싫어하는 것입니다. 어찌 큰 놈만 죽기를 싫어하고, 작은 놈만 죽기를 좋아하겠습니까? 그런즉, 개와 이의 죽음은 같은 것입니다. 그래서 예를 들어서 큰 놈과 작은 놈을 적절히 대조한 것이지, 당신을 놀리기 위해서 한 말은 아

    지속가능한 세상에서 동물과 공존한다는 것

닙니다. 내 말을 믿지 못하겠으면 열 손가락을 깨물어 보십시오. 엄지손가락만 아프고 그 나머지는 아프지 않습니까? 한 몸에 붙어 있는 큰 지절(팔다리의 뼈마디)과 작은 부분이 골고루 피와 고기가 있으니, 그 아픔은 같은 것이 아니겠습니까? 하물며, 각기 기운과 숨을 받은 자로서 어찌 저놈은 죽음을 싫어하고 이놈은 좋아할 턱이 있겠습니까? 이제 물러가서 눈 감고 고요히 생각해 보십시오.

맹수를 보호해야 하는 이유는?

위 인용문에서 보듯 모든 생명을 소중히 여겨야 한다고 생각되지만, 실은 우리는 살아가기 위해 해충을 죽일 수밖에 없지요. 그런 점에서 '동물 보호'는 처음부터 불가능한 일이었는지도 모르겠습니다.

맹수는 어떨까요? 호랑이, 사자, 코끼리 등 사람보다 월등히 힘이 센 동물들이 많습니다. 특히 지구의 육상동물 중 가장 덩치가 큰 코끼리는 그 코로 자기 체중의 4.5% 무게까지 들어 올릴 수 있는데, 최대 350kg까지 들었다는 기록도 있습니다. 이런 맹수들과 마주쳤을 때, 우리가 이들을 보호할 수 있을까요? 오히려 우리가 보호받아야 하지 않을까요?

힘이 강한 자가 약한 자를 지키는 것을 보호라고 한다면, 우리보다 힘이 강한 동물을 보호해야 하나 싶을 수 있습니다. '어린이 보호구역'을 생각해 보세요. 어린이 보호구역은 초등학생 등 만 13세 미만 어린이 시설이 있는 주변 도로를 지정하여 교통사고를 예방하는 것을 목적으로 합니다. 이곳에서는 차들이 시속 30km 이하로 달려야 합니다. 교통 약자인 어린이들을 보호하기 위함이죠.

맹수를 어린이와 같은 약자로 보기는 어렵습니다. 그런데 우리나라에 서식하는 맹수 중 가장 큰 종이어서 사람에게는 위협적인 호랑이가 실은 멸종 위기에 처한 동물이란 걸 아시나요? 어릴 때부터 전래동화나 여러 매체를 통해 접해서 익숙하게 느껴지고 당장이라도 야산에서 볼 수 있을 것도 같지만, 전혀 그렇지 않습니다.

호랑이는 우리나라에서는 1921년 경주에서 마지막으로 잡힌 이후 발견되지 않았습니다. 전 세계를 봐도 호랑이는 그리 많이 살고 있지 않아요. 2016년 기준으로 인도(2,226마리), 러시아(433마리), 인도네시아(371마리)를 비롯해 3,890마리 정도 서식한다고 하네요. 호랑이 하나하나는 사람에 비해 강자일 수 있지만, 집단으로 봤을 때는 사람들의 무분별한 사냥으로 사라져 가는 약자인 셈이죠. 그래서 우리는 '어린이 보호구역'처럼 '야생생물 보호구역'을 지정합니다. 멸종 위기에 처한 야생생물이 살아가는 곳으로 특별히 보호하는 지역을 정하는 것이지요. 우리나라에는 이런 야생생

 지속가능한 세상에서 동물과 공존한다는 것

멸종위기종 호랑이.

물 보호구역이 총 394개소$(909.43km^2)$가 지정되어 있습니다.

검투사들과 싸웠던 사자는 다 어디로 갔을까?

백수의 왕이자 동물의 왕국 단골 주연인 사자는 지금은 아프리카사자와 인도사자만이 남았습니다. 하지만 지금부터 1세기 전까지만 하더라도 북아프리카 일대에 사는 바바리사자가 있었습니다. 바바리는 튀니지와 모로코 등 북아프리카 지역을 일컫는 말입니다. 바바리사자는 고대 로마 콜로세움에서 검투사들이 목숨을 걸고 맞서 싸웠던 그 사자로도 알려져 있습니다. 바바리사자는 기존 아프리카사자보다 몸집이 크고 갈기도 훨씬 진하면서 덥수룩했습니다. 고대 로마인들에 이어 아랍계 왕조, 그리고 근대에 이르러서는 유럽 식민 세력들이 이들을 닥치는 대로 잡아들였죠.

지금 바바리사자를 볼 수 있을까요? 아쉽게도 1922년 프랑스 식민 세력 사냥꾼에 의해 모로코에서 포획된 사자가 최후의 야생 바바리사자로 알려져 있습니다. 참 안타까운 일이죠?

여러 관점에서 생각하기

동물 보호에 대해서 당연하다고만 생각하지 말고 여러 관점에서 생각해 보면 좋겠습니다. 어떤 친구들은 동물 보호를 주장하는 사람들을 위선적이라고 생각할 수 있습니다. 겉으로는 동물 보호를 애기하면서 뒤로는 동물을 먹고, 해충을 잡고, 맹수를 만났을 때 당연히 죽일 거 아니냐고 하면서요. 그러니까 진정으로 동물을

 지속가능한 세상에서 동물과 공존한다는 것

'광주동물보호협회 위드'의 웹사이트 이미지.

보호한다면, 맹수에게 잡아 먹히는 것까지 감수해야 하는 것 아니냐고 반문할 수도 있을 것입니다. 쉬운 듯 어려운 문제죠? 여러분은 어떻게 생각하세요?

★ **함께 생각해요!**

1 동물을 보호하려면 채식주의자가 되어야 할까요?
육식을 하면서도 동물을 보호할 수 있다면 어떤 맥락에서 그럴까요?
2 맹수이면서 멸종 위기에 처한 동물들을 찾아보고, 인간에게 위협적일 수 있음에도 이들을 보호해야 하는 이유는 무엇인지 이야기를 나눠 봅시다.

02

먼저 '동물 학대' 금지부터

동물 보호에서 한 발짝 물러나 일단 동물 학대를 금지한다는 의미에서 동물 보호를 이야기해 보겠습니다. 우리나라 '동물보호법'에서는 동물 학대를 다음과 같이 정의합니다.

동물을 대상으로 정당한 사유 없이 불필요하거나 피할 수 있는 신체적 고통과 스트레스를 주는 행위 및 굶주림, 질병 등에 대하여 적절한 조치를 게을리하거나 방치하는 행위.

우리가 살아가는 사회에서 동물 학대는 생각보다 꽤 흔하게 접할 수 있는 일입니다. 여러 사례를 살펴보며 이에 대해 함께 생각해 보도록 해요.

끔찍한 길고양이 연쇄 살해 사건

2020년 서울 마포구 일대에서 어린 고양이의 사체가 비슷한 형태로 훼손돼 발견된 일이 세 건 발생했습니다. 길고양이 연쇄 살해 사건이었습니다. 이와 비슷하게 2019년부터 2020년 사이에 포항에 있는 한동대학교에서도 누군가 고양이들을 연달아 죽인 사건이 있었어요. 끔찍하지만 사건 기록을 한번 살펴볼게요.

…케어 측은 "한동대 교내 길고양이 돌봄 단체인 한동냥에 따르면 2월 17일, 3월 13일과 15일 한동대 교내에서 길고양이 사체가 연속으로 발견됐습니다"라고 전했습니다. 그러면서 "살해당한 고양이들은 나무에 목이 매달려 있거나, 물리적 폭행을 받아 상해를 입은 상태로 사람들이 쉽게 볼 수 있는 곳에 방치돼 있었습니다"라고 상황을 설명했죠. 한동냥에 따르면 지난 2019년에도 유사한 사건이 발생했다고 합니다. …2019년 8월 5일 캠퍼스 내 에벤에셀과 비전관 사이에서 덫에 걸린 채 움직이지 못하는 고양이 사체가 발견된 것입니다. 잠시 잠잠해진 듯한 범행도 다시 시작됐는

데요. 지난 15일 한동대학교 비석 앞 활주로 한가운데에 초록색 줄과 함께 고양이 사체가 발견되는 일이 있었습니다. 이보다 이틀 앞선 13일에는 비전관 옆 높이 6m에 달하는 나무에서 와이어에 묶인 채로 죽어 있는 고양이 사체가 발견돼 충격을 주기도 했습니다. 현재까지 7개월 동안 캠퍼스 내에서 죽은 채로 발견된 고양이는 모두 7마리. 발견된 장소도 다를 뿐만 아니라 수법은 잔혹했습니다.

_ "잔혹한 방법으로 길고양이 살해하는 한동대 '연쇄살해사건' 목격자를 찾습니다", 〈애니멀플래닛〉(2020년 3월 18일).

어떤가요? 앞서 동물을 음식으로 먹는 것과는 다른 경우죠? 자신의 분풀이를 위해 동물에게 고통을 주고 나아가 살해까지 하는 경우를 우리가 옹호할 수 있을까요? 아일랜드의 유명한 극작가 오스카 와일드는 "동물에게 잔인한 사람은 다른 사람을 대할 때도 마찬가지다. 사람의 마음은 동물을 대할 때의 태도로 알 수 있다"고 했어요. 동물 학대는 범죄이며 범죄자는 처벌을 받아야겠죠.

하지만 동물보호법 위반이 적발되더라도 실제로 검찰이 처벌을 위해 법원에 기소(검사가 특정 형사사건에 대해 법원의 심판을 구하는 행위)를 하는 인원은 얼마 되지 않아요. 2016년에서 2020년 10월까지 동물 학대 등으로 검찰 처분을 받은 3,398명 중 절반인 1,741

명은 기소되지 않았고, 겨우 2.8%인 93명만 정식 재판에 넘겨졌지요. 한 40대 남성이 고양이를 폭행해 죽인 사건에서는 고양이 소유주(보호자)가 정신적 고통을 호소하는 점을 고려해 징역 6개월의 실형을 내리기도 했지만, 대부분은 벌금형을 받고 있는 실정이에요. 계속해서 문제가 될 부분이라고 생각해요.

인간의 옷을 위해 희생되는 동물들

그렇다면 이런 건 어떤가요? 밍크 롱코트를 한 벌 만들려면 밍크(족제빗과 동물)가 최소 30마리에서 많게는 70마리까지 필요하다고 해요. 10대 학생 중 밍크코트를 입는 경우는 흔치 않을 테니 '난 밍크코트와는 상관없어!'라고 할 수도 있어요. 하지만 겨울철에 입는 거위털·오리털 패딩이나 이불은 어떤가요? 패딩에는 거위나 오리의 가슴 부위 피부와 가장 가까이 있는 부드러운 솜털이 이용돼요. 마취도 하지 않은 상태에서 거위나 오리의 털을 뽑는데, 보통 사람의 무릎 사이에 거위나 오리의 머리를 끼우고 도망치지 못하게 만든 상태에서 털을 뽑는다고 해요. 이 과정에서 거위나 오리는 질식해서 죽거나 사람의 무릎 힘에 눌려 날개가 부러지고 생살이 찢어지기도 해요.

패딩 하나를 채우려면 15-20마리의 거위나 오리의 털이 필요하다고 합니다. 그리고 이 과정은 생후 10주에 시작해서 6주마다 반복되고, 도살되기 전까지 5-15번 반복된다고 해요(〈소비라이프〉, 2019년 8월 12일 자 기사). 옷 한 벌 살 때마다 수십 마리의 동물이 희생되고 있습니다.

패딩 외에도 겨울철에 입는 코트나 스웨터, 목도리, 장갑, 모자, 부츠 등에는 양털을 가공한 '울'이 많이 쓰입니다. 정장 역시 양모 100%이거나 양모 혼방 제품들이 대부분이고요. 그러니까 우리가 많이 입는 여러 옷에도 동물 관련 문제가 숨어 있다는 얘기지요.

양모 제품의 경우 앞서 언급한 밍크나 거위털, 오리털과는 다르지 않냐고 생각할 수도 있습니다. 양털은 사람이 깎아 주는 것이니 양털 채취에는 동물 학대의 요소가 없을 거라고 짐작하는 것이지요. 원래 양털은 겨울의 추위와 여름의 더위로부터 신체를 보호할 정도만큼만 자라고, 때가 되면 양 스스로 털갈이를 한다고 해요. 그런데 오늘날 농장에서 사육되는 양은 양모를 생산하기 위해 사람들이 선택교배(특정 형질을 골라서 하는 교배)를 통해 개발한 개량종이라 부자연스럽게 가죽이 확장되어 쭈글쭈글한 모습을 하고 있어요. 이 종은 털이 많고 스스로 털갈이를 하지 못해 더운 계절에는 털의 중량을 견디지 못하고 병에 걸리거나 죽는 경우도 있다고 해요. 피부 주름이 오줌이나 수분을 흡수하기 때문에 거기에 파리가 알을 낳거나 부화한 구더기가 생기기도 하고요. 생각하는 것

     지속가능한 세상에서 동물과 공존한다는 것

만으로도 마음이 편하지 않습니다.

이렇게 동물 학대에 대해 생각해 보니, 어디까지가 정당한 사유고 어디까지가 인간의 욕심인지 고민되지 않나요?

인간을 태우기 위해 학대당하는 코끼리

코끼리는 어릴 적 우리에게 사자와 호랑이만큼이나 큰 즐거움과 놀라움을 안겨 준 동물원의 동물 중 하나입니다. 당연히 야생동물이고요. 코끼리는 머리가 좋아서 IQ가 50에서 70 정도 된다고 해요. 3-5세 아이 정도의 지능을 가졌다는 말이지요. 기억력은 침팬지와 돌고래를 넘어 동물 중 최고 수준이고요. 그래서 사람들은 코끼리가 생후 5개월만 넘어도 동물원 쇼를 하기 위해 길들이기 시작합니다.

태국을 포함한 아시아 13개국에서 코끼리를 조련하는 방식을 살펴볼까요? 먼저 새끼 코끼리를 '트레이닝 클래스'라고 부르는 작은 나무 우리에 가둔 뒤 반항하지 못하도록 꼬리와 귀, 다리 등을 꽁꽁 묶습니다. 그리고 사람들이 돌아가며 24시간 내내 때리거나 송곳으로 찌르는 등 끔찍한 고통을 가합니다. 물 한 모금 주지 않고 일주일에서 열흘 정도 가둬 둔 채 학대를 이어 갑니다. 새끼 코끼리는 고통에 울부짖다가 결국 야생성을 잃고 사람을 무서워하

조련이라는 명목 아래 학대당하는 코끼리.

게 됩니다. 극한의 고통 앞에서 현실을 부정하다가 기억상실증에 걸리거나 정상적 사고를 할 수 없게 되지요. 이러한 조련을 마친 뒤 코끼리들은 이제 다리에 쇠사슬을 감은 채 안장을 얹고 사람들을 태웁니다. 사육사들은 쇠꼬챙이로 코끼리의 이마와 신경이 몰려 있는 귀 뒤를 찔러 대고요.

이렇듯 '동물 학대'라는 렌즈로 우리 주변을 살펴보면 곳곳에서 동물 학대의 모습을 발견할 수 있습니다. 물론 우리가 이를 한번에 바꿀 수는 없습니다. 이 모든 것이 여러분의 책임도 아니고요. 그렇지만 우리는 동물과의 공존에 대해 여러 사실을 알아 가고 질문을 해 나갈 수 있습니다. 그런 도움을 주기 위해 이 책을 썼습니다.

 지속가능한 세상에서 동물과 공존한다는 것

1 "동물에게 잔인한 사람은 다른 사람을 대할 때도 마찬가지다. 사람의 마음은 동물을 대할 때의 태도로 알 수 있다"는 오스카 와일드의 말에 대해 어떻게 생각하세요? 동물에 대한 범죄가 사람에 대한 범죄로 이어질 가능성이 있을까요?

2 여러 종류의 의복에 사용되는 울을 만들기 위해 양털을 가공하는 과정에서 생기는 동물 학대를 방지하기 위해 무엇을 할 수 있을까요?

03

책임질 수 없는 사랑, 애니멀 호딩

동물 학대도 문제지만 무책임한 동물 사랑도 문제가 됩니다. 자신의 능력 이상으로 과도한 마릿수의 동물을 키우면서 동물들에게 적절한 보살핌을 제공하지 못하고 방치하는 행위를 '애니멀 호딩'animal hoarding이라고 합니다. '호딩'hoarding은 '저장하다' '축적하다'란 뜻을 가진 영어 단어 'hoard'의 명사형입니다. 즉 애니멀 호딩은 동물을 축적하는 행위를 뜻합니다. 이런 행위를 하는 사람을 애니멀 호더animal hoarder라고 부르고요.

이러한 '호딩'은 비단 동물만을 대상으로 하지 않습니다. 온갖 물건을 수집하거나 저장하는 행동으로도 나타나는데, 심한 경우 저장 강박증이 되기도 합니다. 다 읽은 신문이나 잡지, 책도 다시 필요하거나 중요한 내용이 있을까 봐 버리지 못하기도 하고요.

애니멀 호딩은 그 심각성이 고려되면서 1993년 정신과 학술지에도 실렸고, 현재 미국에서는 정신건강 분야에서 질병으로 진단되어 독립된 정신질환으로 규정하고 있습니다.

현관문을 열자 암모니아 냄새가 코를 찔렀다. 눈을 뜨기조차 힘들었다. 25마리쯤 될까. 70대인 할머니는 네 평 남짓인 큰 방과 작은 방, 좁은 부엌이 있는 다세대주택에서 고양이들과 살고 있었다. 낡은 벽지가 다 뜯어진 채 곰팡이로 얼룩져 있었다. 집 안에선 꼭 신발을 신어야 했다. 바닥 군데군데 고양이 배설물이 흩어져 있었다. 고양이 화장실로 보이는 통이 있긴 했다. 고양이의 배변 습성상 꼭 필요한 모래는 담겨 있지 않았다. 고양이들은 낯선 이들의 방문에 가구와 이불 뒤로 숨었다. 정확한 마릿수를 파악하기는 쉽지 않았다. 가스가 끊긴 지 수개월이라고 했다.

할머니는 10년 전 '은영'이라는 고양이를 입양했다. 이후 자체 번식을 거듭하며 개체 수가 늘어났다. 할머니는 은영이를 딸처럼 아꼈다. 하지만 중성화나 예방접종의 개념을 잘 알지 못했다. 그보다 사료 걱정이 더 컸다. 고양이들의 귀는 내려가 있었다. 두렵거나 불만이 있다는 의미다. 새끼들의 움직임은 활발하지 않았다. 할머니의 사연은 알 수 없었다. 남편과 자식이 있지만 혼자 살았다. 이웃들은 이 집 고양이들이 동네에 똥을 싼다며 싫어했다. 집주인은 두 달 남은 계약 기간이 끝나기만을 기다렸다. _"'애니멀 호딩'을 어찌할꼬", 〈경향신문〉(2020년 1월 4일).

무엇이 문제일까?

동물을 사랑하며 데리고 있는 게 무슨 문제냐고 할 수 있어요. 애니멀 호딩의 문제는, 동물의 수가 책임질 수 없는 상태까지 이르다 보니 결코 동물들이 생활하기 좋은 환경을 제공하지 못한다는 데 있어요. 대부분의 애니멀 호더가 중성화 수술에 반대하거나 번식에 대한 이해가 부족해 동물들이 자가 번식을 하게 방치합니다. 자가 번식이 시작되면, 그 개체 수가 늘어나는 속도가 너무 빨라 배설물을 치우기도 힘들 정도가 됩니다. 결국 집은 쓰레기와 오물로 뒤덮이게 되고, 이웃은 악취와 소음으로 괴로워하게 되지요. 결국 참다못한 이웃이 신고를 하게 되고요.

이런 비위생적인 환경에서 살아가는 사람 역시 일상생활을 정상적으로 하지 못하는 경우가 많습니다. 제대로 화장실이나 부엌을 사용할 수도 없을 테니까요. 애니멀 호더는 이러한 환경을 감

지속가능한 세상에서 동물과 공존한다는 것

애니멀 호딩은 결국 사람도 동물도 건강하게 살기 어려운 환경에 처하게 만든다.

추고자 외부와도 단절되어 더욱 큰 어려움에 빠지게 됩니다. 고립으로 인해 경제적 어려움이 생기고, 동물의 먹이를 구하지 못해 동물들은 굶주리게 되죠. 전염병이라도 돌면, 사람보다 취약한 동물들이 떼죽음을 당하기도 합니다. 결국 본인의 삶과 동물의 삶 모두 심각한 상황에 이르는 거예요.

열악한 사육 환경도 동물 학대가 될 수 있다

우리나라의 동물보호법은 2018년부터 동물 학대 유형에 "반려 목적으로 기르는 개와 고양이 등에게 최소한의 사육 공간을 제공하지 않는 것은 물론 사육이나 관리 의무를 위반하여 상해를 입

히거나 질병을 유발하는 행위"까지 포함했습니다. 애니멀 호딩 역
시 동물 학대의 한 유형이 된 것이지요. 실제로 동물 학대 유형 중
열악한 사육 환경이 차지하는 비중은 매우 높아요. 동물자유연대
가 2019년 한 해 동안 접수된 동물 학대 사건 600건을 분석한 결
과, '열악한 사육 환경'에 관한 제보가 230여 건을 차지해 전체 학
대 사건의 약 40%를 차지했어요.

해외에서는 애니멀 호딩을 막기 위해 반려동물 수를 제한하기
도 합니다. 캐나다 토론토에서는 한 사람이 개를 세 마리 이상 키
울 수 없고, 호주에서는 반려견을 네 마리 이상 키우려면 별도의
허가를 받아야 해요.

어떤가요? 동물에 대한 지나친 사랑 역시 동물에게 해로울 수

 지속가능한 세상에서 동물과 공존한다는 것

있다는 점이 역설적이죠? 반려동물이 행복하고 건강하기 위해서는 보호자와의 교감이 중요합니다. 보호자가 쓰다듬어 주고, 밥과 간식을 주고, 함께 놀아 주는 것을 통해 사랑과 애정을 쏟아부어 주는 시간이 필요해요. 물론 균형 잡힌 식단과 신선한 물 제공도 필수겠고요.

★ 함께 생각해요!

1 반려동물을 키우다 보면 처음 입양할 때 내는 입양비부터 사료비, 간식비, 병원비 등 비용이 만만찮습니다. 반려 가구에서 매달 고정으로 지출하는 양육비가 반려견만 기르는 가구의 경우 월평균 '13만 원', 반려묘만 기르는 가구가 월평균 '10만 원' 정도입니다. 또 반려동물을 돌보는 시간도 필요합니다. 반려동물을 키울 때 충분히 이러한 점을 고려하고 있나요?
2 캐나다나 호주처럼 우리나라에서도 키울 수 있는 반려동물 수를 제한해야 할까요? 어떤 방식으로 반려동물을 키워야 사람에게도 동물에게도 좋을까요?

04

고통의 측면에서 동등한 인간과 동물

보통 동물과 사람이 다르다고 생각하지요? 이제 관점을 바꿔 볼까요? 동물과 사람이 다를 바 없다고 얘기한 사람이 있어요. 바로 동물해방운동으로 유명한 피터 싱어입니다. 피터 싱어가 29세 되던 1975년에 쓴 《동물 해방》이라는 책은 9개 언어로 번역된 세계적 베스트셀러입니다.

이 책의 제목 '동물 해방'을 문자 그대로 이해하면, 자칫 갇혀 있는 동물을 해방시켜 주자는 식으로 이해할 수 있습니다. 하지만 여기서 말하는 동물 해방이란, 도덕적 고려의 대상에 동물을 포함시킴으로써 이제까지 관행적으로 동물들에게 가해졌던 차별과 학대에서 이들을 벗어나게 해 주자는 것입니다.

  지속가능한 세상에서 동물과 공존한다는 것

현대 실천주의 윤리학자로 유명한 피터 싱어는
《동물 해방》에서 동물권 논의를 촉발했다.

인간과 동물 모두 고통과 쾌락을 느낀다

동물을 도덕적 고려의 대상에 포함시킨다는 말은 어떤 의미일까요? 피터 싱어는 도덕적 판단에서 중요한 유일한 기준은 '고통과 쾌락을 느낄 수 있는 능력'이라고 말합니다. 이렇게 본다면 사람처럼 동물도 고통과 쾌락을 느끼기에 서로 동등하다는 것이지요.

그에 의하면 인간과 동물을 구별하는 여러 특징은 인간과 동물의 종을 구분하는 결정적 요소가 아닙니다. 오히려 도구 사용 여부나 언어, 지능 등으로 인간과 동물을 구분할 경우 일부 사람들이 배제될 수 있고, 일부 동물들을 인간에 포함할 수도 있습니다.

철학자 마크 롤랜즈도 《동물도 우리처럼》*Animals Like Us* 에서 비슷한 질문을 던집니다. 우리가 인간으로 태어날지 동물로 태어날지 모르는 상태라고 가정해 보세요. 여러분이 만일 동물로 태어났는데 사람들이 미각적 즐거움을 누리기 위해 여러분을 죽이거나 고통스럽게 한다면, 여러분은 그 상황을 과연 받아들일 수 있을까요?

동물의 이익, 인간의 이익

지금까지 논의한 것에 따르면, 사람이 다른 사람에게 해를 끼치면 안 되듯이 동물에게도 해를 끼치면 안 된다고 말할 수 있습니다. 나의 이익을 다른 사람의 이익보다 중요하게 여길 수 없듯이 동물의 이익도 기본적으로 인간의 이익과 동등하게 고려되어야 하는 것이지요. 이를 피터 싱어는 '이익 평등 고려 원칙'이라고 부릅니다. 피터 싱어는 이러한 관점에서 동물을 실험 대상이나 식용 대상으로 삼는 것은 "자기가 소속되어 있는 인간이라는 종의 이익을 옹호하면서 다른 종의 이익을 배척하는 편견 또는 왜곡된 태도", 즉 종차별주의에 지나지 않는다고 비판합니다. 그러면서 인간 중심적 사유를 반성하기를 촉구하죠.

이러한 동물 해방의 시선은 이전 철학자들의 생각을 뒤집는 것이었습니다. 예컨대 데카르트는 동물을 진정한 쾌락이나 고통조차 느끼지 못하는 생물학적 로봇과 같다고 보았습니다. 그런가 하면 칸트는 동물도 고통을 느낄 수 있지만 도덕적 사유 능력이 없으므로 사람과 달리 권리가 없다고 보았죠. 동양에서도 도덕을 인간의 본성으로 보고, 동물에 대한 사람의 우선권을 당연히 여겼습니다.

우연히 인간으로 태어난 것이라면?

어쩌면 우리는 태어나고 보니 인간이라는 종에 속한 것일 수 있습니다. 우연히 인간이라는 종으로 태어났다는 이유로 인간 집단만을 옹호하는 것이 정의일까요? 정의가 아닐 수도 있을 것 같습니다. '동물 해방'이라는 관점이 얼핏 생각하기에 너무 이상적이라고 느껴질 수도 있을 거예요. 하지만 인간중심주의에서 벗어나 한 번쯤 생각해 볼 수 있지 않을까요?

예를 들어, 장애에 대해 말해 볼까요? 예전에는 장애인/정상인으로 나눴습니다. 이렇게 하면 장애가 있는 사람은 비정상인이 되지요. 그래서 최근에는 장애인/비장애인으로 나눕니다. 이와 비슷하게 인간 중심에서 벗어나 '동물 중 인간'이라는 점을 강조하는 차원에서 인간 동물과 비인간 동물로 나눠 볼 수 있을 것입니다. 결국 인간도 동물이고, 역으로 동물도 인간과 같은 생명체니까요.

        지속가능한 세상에서 동물과 공존한다는 것

어떤가요? 인간 역시 동물 중 하나라는 생각으로 자연을 다시 한 번 들여다보세요.

★ **함께 생각해요!**

1 피터 싱어의 관점에서 본다면 인간과 동물이 위험에 빠졌을 때 누구를 먼저 구해야 할까요?
2 인간중심주의에서 벗어나 동물을 바라볼 때 무엇을 새롭게 찾아볼 수 있을까요?

05

어떻게 공존할 수 있을까?

공존은 서로 돕고 함께 존재한다는 뜻입니다. 과학자들은 동물과의 공존을 "야생동물이 인간과 더불어 살아가는 지역에서 역동적이면서도 지속가능하게 살아가는 상태"로 정의합니다. 그러나 오늘날 환경오염으로 인해 1년에 1만 7천여 종에서 15만여 종에 달하는 생물이 멸종하고 있습니다. 생물의 멸종은 분명 인간에게도 영향을 끼칠 것입니다.

세계적인 침팬지 연구가로 환경의 최전선에서 활동하고 있는 제인 구달 박사는 사람과 동물이 공존하는 방법에 대한 TED(미국

* Carter, Neil H. & Linnell, John D.C.(2016), "Co-Adaptation Is Key to Coexisting with Large Carnivores", *Trends in Ecology & Evolution* 31, 575-578.

 지속가능한 세상에서 동물과 공존한다는 것

의 비영리 재단에서 운영하는 강연회) 강연에서 다음과 같이 얘기했습
니다.

> 우리 각자가 가족, 공동체, 국가, 문화, 서로 다른 종교, 그리
> 고 우리와 자연 사이에서 평화롭고 조화롭게 살아가는 것입
> 니다. 우리는 자연이 필요합니다. 지금처럼 파괴를 계속할
> 수는 없습니다. 우리에게 지구는 이것뿐입니다.

구체적인 실천과 관련해 영국의 동물학자이자 방송인 데이비
드 애튼버러David Attenborough는 다음과 같은 사람들의 노력을 이야기
합니다.

> 첫째, 지구인들이 기하급수로 늘어나지 않도록 지금 생존하
> 는 지구인들 사이에 서로서로 비슷한 경제 수준과 삶의 수
> 준을 공유하자. 그러려면 잘사는 나라가 못사는 나라를 반
> 드시 도와야만 할 것이다. 둘째, 숲과 바다의 생물다양성을
> 회복하자. 법률적 규제가 필요할 수도 있다. 셋째, 육식을 줄
> 여 식용 가축의 개체 수를 낮추어 야생동물 개체 수와 균형
> 을 맞추자. 그러면 결과적으로 땅을 더 유익하게 활용할 수
> 있게 된다. 넷째, 재생에너지를 우리의 에너지 중 주요 에너

제인 구달(Jane Morris Goodall, 1934-)

영국의 동물학자이자 환경운동가. 침팬지의 행동 연구 분야에서 세계 최고 권위자로 꼽힌다. 제인 구달은 26세가 되던 1960년에 아프리카 탄자니아의 곰베 침팬지 보호구역에 들어가 10여 년간 침팬지 연구를 진행했고, 이를 통해 침팬지의 다양한 행동들에 대한 새로운 사실을 발견했다. 1965년에는 침팬지와 개코원숭이의 생태 연구를 위해 곰비스트림 연구센터를 설립했으며, 1975년에는 침팬지 등 야생동물 연구를 위해 제인구달연구소를 설립했다. 현재 동물 보호와 환경 보호를 위해 전 세계를 돌며 강연하며, 각지의 실험실과 동물원 등지를 방문해 그곳에 수용된 침팬지들의 권익 향상을 위해 노력하고 있다. 1996, 2003, 2004, 2006, 2007, 2014년 등 여러 차례 우리나라를 방문했다.

        지속가능한 세상에서 동물과 공존한다는 것

이 책에서는 동물과의 공존을 야생동물만이 아니라 보다 넓은 의미에서 생각해 보려고 합니다. 2장에서 살펴볼 '세계동물권선언'은 야생동물만이 아니라 인간에게 의존해서 살아가는 동물, 반려동물, 사역동물에 대해서도 그 권리를 규정합니다. '세계동물권선언'을 통해 동물에 대한 시야를 보다 넓힐 수 있을 것입니다.

동물과 공존하려면 어떻게 해야 할지 생각해 볼 때 우리의 상상력도 중요합니다. 구체적으로 동물과의 공존을 위해 어떤 노력이 필요한지 생각을 키워 봅시다.

★ **함께 생각해요!**

1 여러분 각자 '동물 공존'이라는 말을 정의해 봅시다.
2 사람과 동물의 공존을 위해 생활 속에서 해 볼 수 있는 작은 실천에는 무엇이 있을까요?

[2장]

인권 vs 동물권

01
동물에게도 복지가 필요하다

복지라는 말은 건강, 윤택한 생활, 안락한 환경이 어우러져 행복을 누릴 수 있는 상태를 뜻합니다. 인간의 욕구와 사회문제에 대한 사회적 서비스를 증진하고자 하는 이론과 실천이라고도 할 수 있지요. 우리나라는 헌법 제34조에서 복지에 대한 국가의 책임을 정하고 있습니다.

헌법 제34조

① 모든 국민은 인간다운 생활을 할 권리를 가진다.

② 국가는 사회보장·사회복지의 증진에 노력할 의무를 진다.

③ 국가는 여자의 복지와 권익의 향상을 위하여 노력하여야

한다.

④ 국가는 노인과 청소년의 복지 향상을 위한 정책을 실시할 의무를 진다.

⑤ 신체장애자 및 질병·노령 기타의 사유로 생활 능력이 없는 국민은 법률이 정하는 바에 의하여 국가의 보호를 받는다.

⑥ 국가는 재해를 예방하고 그 위험으로부터 국민을 보호하기 위하여 노력하여야 한다.

법이 이렇다면 사람뿐만 아니라 동물에 대해서도 복지를 인정하라고 할 수 있지 않을까요? 얼핏 무리라는 생각이 들기도 하지요. 앞서 언급했듯이 복지의 개념은 원래 인간으로부터 시작되었으니까요. "모든 국민은 '인간다운' 생활을 할 권리를 가진다"라는 선언을 봐도 그렇고요.

동물 복지의 역사

'동물 복지'라는 말은 '동물 보호'와는 달리 동물의 권리를 인정한 개념입니다. 여기서 동물의 권리, 즉 동물권은 모든 동물에게 생명체로서 그 자체로 존중받을 권리가 있다고 보는 것입니다. 이

지속가능한 세상에서 동물과 공존한다는 것

런 점에서 동물 복지를 '고통이 최소화되고 기본적인 욕구가 충족되고 행복한 상태'라고 포괄적으로 정의할 수 있습니다. 동물 복지를 구체적으로 살펴보면, 동물에게 적절한 주거 환경과 알맞은 영양분을 제공하고, 질병을 예방하며 치료를 적절히 해주는 것 등을 들 수 있겠지요. 또 필요한 경우 인도적인 안락사 등 동물의 복리와 관련된 모든 것이 적절하게 제공되는 것을 의미합니다.

동물 해방이 인간 해방이다!

동물 복지의 역사는 우리 생각보다 오래되었습니다. 동물 복지에 관한 법은 무려 200년 전에 제정되기 시작했는데, 1822년 미국에서 제정된 "소의 학대에 관한 법"이 바로 그것입니다. 다른 나라 역시 동물 보호가 아닌 동물 복지의 관점에서 법이 제정되었고요. 특히 미국의 동물복지법은 동물들의 주거·식품·위생·의료 보호 등의 문제를 다루고 있습니다.

1824년에는 영국에서 세계 최초의 동물 복지 단체 왕립동물학대방지협회RSPCA가 탄생했습니다. 이 단체는 현재까지도 세계에서 가장 오랜 역사와 함께 유럽 최대 규모를 자랑하고 있습니다. 정부 지원금 없이 시민의 후원으로 운영되고 있는데, 2015년 기준 예산이 1억 244만 파운드(약 1800억 원)입니다. 2000년대 초반부터는 한국·중국·대만 등 동아시아 국가에서도 동물복지법 제정과 동물 보호 교육에 대해 자문을 실시하고 있습니다.

영국에서는 농장 동물의 열악한 사육 환경에 대한 사회적 문제 제기가 의회를 움직여 이 문제에 대한 〈브람벨 보고서〉Brambell Report 가 1965년에 마련되었습니다. 이 보고서의 핵심은 농장 동물들에 게 "서고, 눕고, 돌아서고, 스스로 털을 고르고, 자신의 다리를 뻗을 수 있는 자유"를 주는 것이었습니다. 이후 1979년에 농장동물복지 위원회FAWC가 설립되었습니다. 이 위원회는 가축의 사육·수송·도 축·시장과 관련한 정부의 입법 활동 등에서 동물 복지에 대해 자 문 역할을 하고 있습니다. 1993년 위원회에서는 농장 동물의 복지 를 위해 다섯 가지 자유를 제시했는데, 이는 지금까지 각국의 동물 복지에 큰 영향을 미치고 있습니다.

5대 자유는 ①배고픔·영양 불량·갈증으로부터의 자유, ②불 편함으로부터의 자유, ③통증·부상·질병으로부터의 자유, ④두려 움·고통으로부터의 자유, ⑤정상적인 행동을 표현할 수 있는 자유 입니다.

세계동물보건기구도 동물 복지에서 중요한 역할을 합니다. 가 축 방역에 대한 시험 연구를 증진하고, 가축 전염병의 전파 경위 정보를 수집하고 교환하는 등 동물 검역에 관한 국제 기준을 수립

　　　　지속가능한 세상에서 동물과 공존한다는 것

하며, 동물 복지를 증진하는 기타 임무를 수행하고 있기 때문입니다. 특히 세계동물보건기구가 마련한 '동물복지지침'이 중요한 의미를 갖는 것은 특정 집단이 아닌 모든 분야의 이해당사자가 참여하기 때문입니다.

이 '동물복지지침'은 동물 복지에 대해 "동물이 그 생활하고 있는 환경에 잘 대응하는 모습"이라고 정의하고 있습니다. 이 기구의 가입국들은 2012년 가축 복지 증진에 대한 지침서를 처음으로 채택했습니다. 이를 통해 사료의 영양 수준, 잠자리 등 복지를 가늠할 수 있는 범주와 지표들을 제공하도록 했습니다.

동물복지축산농장인증제도

우리나라에는 '동물복지축산농장인증제도'가 있습니다. 높은 수준의 동물 복지 기준에 따라 인도적으로 동물을 사육하는 소·돼지·닭·오리 농장 등에 대해 국가가 인증하는 제도로, 인증 농장에서 생산되는 축산물에는 동물복지 인증마크를 표시합니다.

동물복지축산농장인증제도는 가축이 최소한의 인도적 삶을 영위할 수 있도록 합니다. 또한 '공장식 축산'의 문제점을 개선하는 효과적 가이드라인을 제공합니다. 이는 지속가능한 축산업의 가치를 촉진하고, 환경에 대한 부담을 최소화하며, 가축이 질병에 걸릴 위험도를 낮춥니다. 사육 단계에서 동물복지축산농장인증제를 실시하여 산란계(2012년), 양돈(2013년), 육계(2014년), 젖소·한육우·염소(2015년), 오리(2016년) 농장에 대해 인증을 해 오고 있습니다.

사람에게만 복지를 인정하는 것이 아니라 동물에게도 복지를 인정하는 제도에 대해 어떻게 생각하세요? 동물 복지는 앞으로 더 넓은 범위에서 확대될 것입니다. 세계적인 흐름뿐만 아니라 우리나라 사람들의 인식도 변화하고 있기 때문입니다.

농장 동물의 환경을 살펴보며 공

동물복지 인증마크.

장식 축산의 문제점을 깨닫게 됩니다. 우리가 항상 접하는 먹거리에도 동물 복지와 관련한 중요한 쟁점이 숨어 있음을 알게 되는 것이지요.

1 사람도 제대로 복지를 보장받지 못하는데 동물 복지까지 보장할 여력이 되냐는 주장에 대해서 생각을 나눠 봐요. 어떻게 생각하나요?

2 본문에 나온 농장 동물 복지를 위한 5대 자유 외에 무엇을 더 추가할 수 있을까요?

2
세계인권선언 vs 세계동물권선언

1892년, 영국의 작가이자 사회운동가인 헨리 S. 솔트는《동물의 권리》*Animals' Rights: Considered in Relation to Social Progress* 를 통해 사람이 권리를 가진다면 의심의 여지없이 동물도 권리를 가진다고 주장했습니다. 그는 단순한 동물 복지 개선에 초점을 맞추기보다는 인간과 동등한 존재로서의 동물의 권리를 주장한 최초의 인물로 평가받고 있습니다.

그를 비롯해 다양한 동물 운동가들의 노력이 모여 마침내 1978년 10월 15일, 파리 유네스코 본부에서 '세계동물권선언'이 발표되었습니다. 청중 2천 명이 참석한 가운데 발표된 선언은 생명으로서 모든 종이 동등한 기본적 권리를 가지며, 인간 또한 동물의 한

   지속가능한 세상에서 동물과 공존한다는 것

헨리 S. 솔트의 《동물의 권리》 표지.

종으로서 다른 동물을 멸종시키거나 비윤리적으로 착취하는 등 다른 동물의 권리를 침해해서는 안 된다는 내용을 담았습니다. '세계인권선언'Universal Declaration of Human Rights, UDHR 이 1948년에야 국제연합un 총회에서 채택되었다는 점을 생각해 보면, 불과 30년 만에 동물에 대해서도 사람과 동등하게 권리를 보장하는 선언이 발표된 셈입니다. 이제 세계동물권선언의 구체적인 내용을 살펴볼까요?

세계동물권선언, 함께 읽어 봐요

서 문

모든 생명체는 공통된 기원을 가지고 있으며 종의 진화 과정에서 분화

되었다. 모든 생명체는 천부적인 권리를 가지며 신경 체계를 가진 동물은 더욱 특별한 권리를 가지고 있다. 이러한 동물의 권리에 대한 경멸과 무지는 심각한 자연 파괴와 동물에 대한 죄악을 초래했다. 인류가 다른 동물의 권리를 인식할 때 다양한 생명체와 공존할 수 있다. 인간이 동물을 존중하는 것은 다른 인간을 존중하는 것과 같다. 따라서 다음과 같이 선언한다.

제 1 조

모든 동물은 태어나면서부터 평등하며 생존할 권리를 가진다.

제 2 조

1. 모든 동물은 존중받아야 한다.

2. 인간은 동물의 한 종으로서 다른 동물을 몰살시키거나 비인도적으로 착취하고 권리를 침해해서는 안 된다. 또한 진심을 다해 동물을 살펴야 한다.

3. 모든 동물은 인간의 관심과 돌봄 그리고 보호를 받을 권리를 가진다.

제 3 조

1. 어떤 동물도 잘못된 처우나 잔인한 행위의 대상이 되어서는 안 된다.

2. 불가피하게 동물을 죽여야 하는 경우, 이는 불안이나 통증 없이 즉각

　　지속가능한 세상에서 동물과 공존한다는 것

적으로 이루어져야 한다.

제 4 조

1. 모든 야생동물은 본연의 자연환경에서 자유롭게 살아가고 생식할 권
리를 가진다.

2. 교육적인 목적을 위해서조차도 동물의 자유를 박탈하는 것은 이 권
리를 침해하는 것이다.

제 5 조

1. 인간에 의존해 살아가는 동물은 생명을 유지하고 본연의 리듬으로
살아갈 수 있어야 한다.

2. 인간이 상업적인 목적으로 이러한 리듬이나 조건에 간섭하는 것은
이 권리를 침해하는 것이다.

제 6 조

1. 모든 반려동물은 자연 수명을 누릴 권리를 가진다.

2. 동물을 유기하는 것은 잔인하고 타락한 행위이다.

제 7 조

모든 사역 동물은 합리적인 시간과 강도로 일을 해야 하며 탈진하도록

일을 해서는 안 된다. 또한 필수적인 영양을 공급받고 휴식할 수 있어야 한다.

제 8 조

1. 신체적이거나 심리적 고통을 수반하는 동물실험은 그것이 의학, 과학, 상업 등 그 어떤 목적을 위한 것이라도 동물의 권리와는 상반되는 것이다.
2. 동물실험을 대체할 방법이 개발되고 사용되어야 한다.

제 9 조

동물이 식품 산업에 사용되는 경우 불안이나 통증 없이 사육, 운송, 휴식, 도살되어야 한다.

제 10 조

1. 어떤 동물도 인간의 오락 목적으로 이용되어서는 안 된다.
2. 동물 전시와 동물 쇼는 동물의 존엄성을 침해하는 일이다.

제 11 조

불필요한 동물 살해는 잔인한 행위이며 생명 파괴이다.

   지속가능한 세상에서 동물과 공존한다는 것

제 12 조

1. 야생동물의 대량 살해는 집단 학살이자 종에 반하는 범죄 행위이다.

2. 자연환경의 오염이나 파괴는 종의 멸종을 불러올 수 있다.

제 13 조

1. 동물의 사체는 존중하여 다루어야 한다.

2. 동물의 희생이 담긴 폭력적인 장면은 동물 권리를 주장하기 위한 목

   적이 아니라면 영화 및 텔레비전에서 금지되어야 한다.

제 14 조

1. 동물권 보호와 구조 단체는 정부 수준으로 영향력을 가져야 한다.

2. 동물권은 인권과 마찬가지로 법의 보호를 받아야 한다.

우리나라의 동물보호법

우리나라의 동물보호법에도 '동물 보호의 기본 원칙'이 담겨 있습니다. 이 원칙들을 함께 살펴볼까요? 누구든지 동물을 사육하거나 관리 또는 보호할 때 다음의 원칙을 준수해야 합니다.

한국동물보호연합 관계자들이 '세계동물권선언의날'을 맞아
동물의 권리와 복지를 촉구하는 퍼포먼스를 펼치고 있다.

1. 동물이 본래의 습성과 신체의 원형을 유지하면서 정상적
   으로 살 수 있도록 할 것.

2. 동물이 갈증 및 굶주림을 겪거나 영양이 결핍되지 아니하
   도록 할 것.

3. 동물이 정상적인 행동을 표현할 수 있고 불편함을 겪지
   아니하도록 할 것.

4. 동물이 고통·상해 및 질병으로부터 자유롭도록 할 것.

5. 동물이 공포와 스트레스를 받지 아니하도록 할 것.

이렇게 우리나라에서도 동물보호법으로 기본 원칙을 제시하고

지속가능한 세상에서 동물과 공존한다는 것

있습니다. 여러분이 보기에 어떤가요? 과연 기본 원칙이 일상적으로 잘 지켜지고 있나요? 사실 우리는 가까이에서 또는 매체를 통해 이러한 원칙에서 벗어난 모습을 여러 차례 목격해 왔습니다.

동물에 대해 생각할 때 이런 원칙들을 다시금 곱씹어 보는 것이 필요합니다. 또 세계동물권선언에 비추어 우리나라의 '동물 보호의 기본 원칙'에 추가해야 할 것은 무엇인지도 고민해 보면 좋겠습니다. 사실 이런 선언과 원칙이 있다는 것을 아는 것만으로도 동물과 공존하는 것에 대한 우리의 생각을 좀 더 벼릴 수 있겠지요.

★ 함께 생각해요!

1 세계동물권선언 중 '가장 마음에 와닿는 조항'과 '이런 것까지 보장해야 할까' 생각되는 조항을 뽑아 봅시다.
2 우리나라의 동물보호법상 '동물 보호의 기본 원칙' 중 잘 지켜지지 않는 원칙을 뽑아 보고, 그 사례를 들어 봅시다.

03

동물이 물건이라고?

2021년 7월 19일, 대한민국 법무부는 "동물은 물건이 아니다"라는 법 조항을 추가하기로 했습니다. 이후 국무회의에서 의결을 거쳐 이 조항은 그해 10월 1일 국회에 제출되었습니다. 이전에는 법적으로 동물은 '물건'이고 하나의 '재물'에 지나지 않았습니다. 동물이 물건이라는 말이 뭔가 이상하죠? 다음은 정부가 법 개정을 제안한 이유입니다.

반려동물을 양육하는 인구가 지속적으로 증가하고 있고, 동물 학대·유기 방지, 동물에 대한 비인도적 처우 개선 및 동물권 보호 강화 등을 위한 움직임이 필요하다는 사회적 인

 지속가능한 세상에서 동물과 공존한다는 것

동물이 물건이라니. 다들 잘 모르는 사실이죠. 동물이 물건이어서 생기는 일들에는 어떤 것이 있는지 한번 살펴볼까요?

동물을 물건으로 취급해 생긴 일들

동물이 물건으로 취급받을 때 어떤 일이 생길까요? 먼저 동물 학대 행위를 법적으로 평가할 때 단순히 '물건' 또는 '재물'에 손상을 입힌 것으로 평가됩니다. 이로 인해 타인이 나의 반려동물을 죽게 했을 때 시장가격 수준으로 보상을 받게 됩니다.

그런데 반려동물이 단순한 물건인가요? 반려인들은 반려동물을 가족 구성원으로 여기고 정서적 유대관계를 맺고 살아갑니다. 우리는 다른 사람이 범죄를 저질러 가족을 잃게 했을 때 정신적 고통을 증명하지 않아도 당연히 가해자에게 위로금을 요구할 수

법무부에서는 동물은 물건이 아니라는 법 조항을 추가 입법 예고했다.

있습니다. 마찬가지로 반려동물을 키우는 사람에게 반려동물은 가족과 같기에, 피해자의 권리를 국가가 보호해야 하는 것은 당연한 일입니다.

또한 안내견도 물건 취급을 받았습니다. 그래서 시각장애인 국회의원이 안내견과 함께 국회에 들어갈 수 없었습니다. 국회법에 "의원은 본회의 또는 위원회의 회의장에 물건이나 음식물을 반입해서는 안 된다"고 규정되어 있기 때문입니다. 안내견은 시각장애인에게 꼭 필요한 도우미인데, 생명체를 물건으로 취급하여 반입할 수 없게 하는 것이 도무지 이해가 되지 않지요?

그런가 하면 반려동물이 죽었을 때 우리는 양지바른 뒷산에 묻어 줄 수 없습니다. 폐기물관리법에 따르면 동물의 사체는 원칙적

지속가능한 세상에서 동물과 공존한다는 것

으로 '생활폐기물'로 분류되기 때문입니다. 따라서 생활쓰레기 봉투 등에 넣어 배출해야 합니다. 반려동물이 동물병원에서 죽은 경우에는 의료폐기물로 분류되어 동물병원에서 자체적으로 처리하거나 폐기물 처리업자 등에게 위탁하여 처리합니다.

이런 불합리한 상황에 대해 2018년 12월 실시한 여론조사에서 응답자의 89.2%가 '물건과 동물을 구별해야 한다'고 응답했으며, 이러한 사회적 공감대를 바탕으로 법 개정이 진행 중인 것입니다.

외국에서는 어떻게 할까?

다른 나라는 어떨까요? 독일은 일찍이 1990년 민법에서 "동물은 물건이 아니다. 동물은 별도의 법률에 의해 보호된다"라고 규정했습니다. 스위스 역시 1992년에 헌법을 개정하면서 법적으로 동물을 물건이 아닌 '생명'으로 인정했습니다. 외국에서도 동물을 물건이 아니라고 보기 시작한 지는 생각보다 그리 오래되지 않았습니다. 이에 대해서는 뒤에서 더 자세히 얘기하겠습니다.

다만 법이 개정되어 동물을 물건이 아니라고 규정해도 여전히 우리나라에서는 동물이 인간과 같은 권리의 주체로 인정받지 못합니다. 동물은 법 체계상 여전히 권리의 객체이므로, 법률에 특별한 규정이 있는 경우를 제외하고는 '물건에 관한 규정'을 준용하도록 하고 있습니다. 이로 인해 다음 장에서 다룰 '동물의 소송권'은 아직 법적으로 인정되지 못하고 있지요. 결국 동물은 물건, 인간과 구별되는 제3의 지위를 갖는 셈입니다. 이제 동물 소송에 대해 더 자세히 알아보겠습니다.

★ 함께 생각해요!

1 동물의 사체를 '생활폐기물'로 분류해 왔다는 점에 대해 어떻게 생각하나요?
2 다른 사람이 반려동물을 죽였을 때 시장가격 수준으로 보상받아야 할까요? 아니라면, 보상 금액을 어떻게 정할 수 있을까요?

 지속가능한 세상에서 동물과 공존한다는 것

04

동물도 소송을 할 수 있을까?

동물도 자신의 권리를 지키기 위해 법원에 소송을 할 수 있을까요? 언뜻 생각하기에는 어려울 것 같습니다. 이에 대해 논의하기 위해서는 먼저 권리능력이라는 개념을 알아야 합니다. 권리능력權利能力이란 '어떤 일을 자유로이 행할 수 있고, 다른 사람에 대하여 당연히 주장하고 추구할 수 있는 힘'입니다. 살아 있는 사람이면 누구든 성별, 연령, 신분 등에 관계 없이 권리능력을 갖습니다. 예를 들어 생명권을 권리능력으로 들 수 있습니다. 생명권은 인간의 생명에 대한 권리를 말합니다. 이는 누구도 침해할 수 없는 권리입니다.

외국의 동물권 소송 사례

미국의 동물권 변호사로 유명한 스티븐 와이즈^{Steven M. Wise}는 유전적으로나 의식 수준으로나 인간과 매우 유사한 침팬지와 보노보 등의 동물은 권리능력을 가질 수 있다고 주장합니다. 그는 이미 1970년대부터 이러한 주장을 하며 비인간권리프로젝트^{Nonhuman Rights Project, NhRP}를 만들어 활동해 왔습니다.

황당한 주장인가요? 그렇지만은 않습니다. 스티븐 와이즈는 자신이 진행하는 소송을 지금 당장 받아들이기는 어렵겠지만 불과 몇십 년 전까지만 하더라도 흑인 노예와 여성이 차별받고 있었음을 생각해 보라고 합니다. 지금은 상식이 된 '모든 인간이 동등하다'라는 말은 처음부터 자연스러웠던 것이 아니며, 기나긴 투쟁의 산물 아니냐고 되묻기도 합니다.

이런 노력이 빛을 발해 2020년 스티븐 와이즈의 주장에 공감하는 판결문이 나오기도 했습니다. 2013년 그는 미국 뉴욕주의 연구실과 사유지에 갇혀 있던 침팬지 네 마리를 보호시설로 옮기기 위해 이들을 대신해 소송을 제기했습니다. 법원은 동물을 법의 대상이 되는 인격체나 권리능력의 주체로 여기기 어렵다고 판단했습니다. 하지만 스티븐 와이즈의 주장대로 불과 얼마 전까지도 흑인과 여성을 배제하고 백인 남성만이 헌법에 보장된 법적 권리를 온전히 누리던 것을 상기하며 "언젠가는 그러한 노력이 성공을 거둘 수도 있다"고 공감 어린 판결문을 내놓았습니다.

또 2014년 아르헨티나 법원은 부에노스아이레스 동물원에 갇힌 오랑우탄 산드라에 대해 "인간이 아닌 법인"이라고 판결했습니다. 법인은 일정한 목적으로 결합한 사람의 집단 또는 재산에 대하여 사람처럼 그 권리능력을 인정한 것입니다. 쉬운 예로 회사를 들 수 있지요. 사람은 아니지만, 회사는 재산을 가질 수 있고 시장에서 물건을 사고, 팔고, 소송할 수 있으니까요. 따라서 아르헨티나 법원에서 오랑우탄 산드라에 대해 법인으로 판결했다는 것은, 산드라가 법인처럼 권리능력을 가진다고 인정한 것입니다. 다만 법원은 인간에 의해 잔혹 행위를 당했을 때로 법인 지위를 한정한다는 단서를 달았습니다.

2017년 뉴질랜드에서는 더욱 놀라운 판결이 나왔습니다. 이 판결에서는 마오리족 원주민이 강을 보호하기 쉽도록 황가누이강에 법인격을 부여했습니다. 마오리족은 그들의 강을 조상으로 인정받기 위해 140년간 분투해 왔습니다. 이 판결을 통해 그동안 강을 소유와 관리의 관점에서 다루는 태도에서 벗어나 강이 살아 있는 존재로서 법적 지위를 부여받도록 하는 법이 제정되었습니다. 강마저 권리능력을 가진다면 동물 역시 소송을 할 수 있는 권리능력을 가질 수 있지 않을까요?

세계 최초로 법적 인격을 부여받은 뉴질랜드의 황가누이강.

그러고서 2018년에는 인도 법원이 자연 속 동물 왕국이 살아 있는 사람과 비슷한 권리를 가진 법적 독립체라는 결정을 내렸습니다. 법원은 동물의 복지를 더욱 확실히 하기 위해서는 동물도 법적 독립체 또는 법적 인간의 지위에서 논의되어야 한다고 했습니다. 동물을 단순한 소유물로 취급해서는 안 된다고 강조했고요. 다만 법적 테두리 안에서 활동하는 지정된 사람을 통해서만 인간처럼 활동할 수 있다고 보았습니다. 즉 법적 관리인이 동물 왕국의 권리를 대변하는 것입니다.

　　　지속가능한 세상에서 동물과 공존한다는 것

우리나라의 동물권 소송 사례

우리나라는 어떤지 살펴볼까요?

우리나라도 2006년에 경부고속철도 공사와 관련해 경상남도 양산에 있는 천성산에 터널을 뚫는 문제로 동물권이 다툼의 발단이 되었습니다. 이 다툼은 천성산 일대에 살고 있는 도룡뇽이 소송을 할 수 있는지가 문제가 되었습니다. 터널 공사로 인해 천성산에 서식하는 도룡뇽의 생존 환경 및 천성산의 자연환경이 파괴될 수 있기에 "자연 내지 자연물의 고유의 가치의 대변자"인 환경단체 '도룡뇽의친구들'이 도룡뇽을 대신해 소송을 할 수 있다는 주장이 었습니다. 이에 법원에서는 소송을 할 수 있는 법인과 달리 자연물인 도룡뇽 또는 그를 포함한 자연 그 자체는 소송을 할 수 없다고 보았습니다.

2018년에는 설악산에 케이블카를 설치하는 문제와 관련하여 그곳에 서식하는 산양이 소송을 할 수 있는지 여부가 문제가 되었습니다. 천연기념물이기도 한 산양 28마리가 서식지를 잃고 멸종 위기에 처할 수 있었기 때문입니다.

동물의 권리를 연구하는 변호사 단체 PNR People for Non-human Rights 에서는 도룡뇽 소송에서처럼 산양들을 '대신해' 법원에 소송을 제기했습니다. 이 단체에서는 사람들의 이익으로 치환된 동물의 권리가 아닌 동물이 주체가 된 소송이 필요하다고 보았습니다. PNR에서는 환경 소송의 경우 그동안 '사람의' 헌법상 환경권과 행복추구권 등이 주요한 법률상 이익이 되고 가장 직접적인 영향을 받는 '동물의 이익'은 빠져 있었는데, 이는 동물이 (자신들의 이익을) 직접 주장할 수 없어서 생기는 문제라고 주장했습니다. 하지만 법원은 이 판결에서도 산양이 소송을 할 수는 없다고 보았습니다.

우리나라에서 동물이 권리를 행사할 수 있는 판결이 내려지기까지는 꽤 시일이 걸릴 듯합니다. 하지만 인간의 욕심으로 자연 파괴가 계속되는 만큼 앞으로도 동물이 소송을 제기하는 일은 계속될 것 같습니다. 이에 따라 우리나라 법원에서도 다른 나라의 사례를 바탕으로 동물이 소송할 수 있는 권리를 보다 적극적으로 사고할 필요가 있다고 봅니다. 여러분은 어떻게 생각하나요?

 지속가능한 세상에서 동물과 공존한다는 것

1 동물 소송에 대한 여러분의 생각은 어떤가요?

2 도룡뇽과 산양이 소송을 할 수 있다면, 멸종 위기 동물과 자연환경에 대한 우리의 관점은 어떻게 바뀔 수 있을까요?

05
헌법에 동물 보호를 규정한 나라들

앞서 동물권에 대해 다양한 측면에서 살펴보았습니다. 이제 동물 보호를 헌법에 규정한 나라를 살펴보려고 합니다. 헌법은 국가의 기틀이 되는 최상위 규범입니다. 헌법에는 평등할 권리, 자유로울 권리, 정치에 참여할 권리 등 국민을 위한 다양한 기본 권리가 보장되어 있지요. 따라서 헌법에 동물 보호 항목이 포함된다는 건 큰 의미를 가집니다.

독일은 2002년 세계 최초로 동물에게 헌법상 권리를 부여하며 "국가는 자연적 생활 기반과 동물을 보호한다"고 명시했습니다. 헌법적 차원에서 동물을 '생명체를 가진 존재'로서 존중한 것입니다. 인도, 브라질, 스위스, 룩셈부르크, 오스트리아, 이집트에서도

지속가능한 세상에서 동물과 공존한다는 것

동물 보호를 헌법에 규정하고 있습니다. 인도 헌법 21조에는 "인간의 권리를 보호하면서 생명을 보호해야 한다"고 규정하며, 여기에 동물을 포함하고 있습니다. 브라질의 경우 동물 학대 금지를 헌법에 규정하고 있습니다.

동물 보호가 헌법에 규정된다면?

헌법에 동물 보호가 규정되어 있으면 여러 실질적인 효과가 있습니다. 첫째, 동물 학대나 잔인한 행위가 발생했을 때 정부는 이에 대해 적극적으로 조치를 취해야 합니다. 둘째, 재판에서 동물 보호에 유리한 판결을 내릴 수 있습니다. 여러 해석이 가능한 법 해석에서 동물 보호가 명시된 헌법은 판사가 동물에게 가장 유리한 판결을 내리도록 하는 기준이 될 수 있기 때문입니다. 셋째, 동물을 보호하는 데 필요한 경우 인간의 기본권을 제한할 권리가 생깁니다. 사람들이 하는 동물 사업에 동물 보호 관점에서 제한을 가할 수 있습니다.

우리나라 헌법을 둘러싼 논의

우리나라에서도 헌법에 동물 보호를 포함하자는 논의가 이뤄

대한민국 헌법의 역사

우리나라에서 처음 나온 근대 입헌주의 헌법으로 1895년에 만들어 진 '홍범 14조'를 듭니다. 1894년 보수 세력을 몰아내고 갑오개혁을 단행한 개화파는 1895년에 개혁을 제도화하기 위해 '홍범 14조'를 선포했습니다. 여기에는 근대적인 내각 제도의 도입, 조세법정주의, 국민의 생명과 재산권에 대한 보호 등의 내용이 담겨 있습니다. 일제 침략 이후 1919년 상하이에서 대한민국 임시정부를 수립하면서 '임시 헌장 10개 조'를 채택하고, 1945년 해방까지 다섯 번의 개헌이 이뤄졌습니다. 현재 헌법의 뿌리는 해방 이후인 1948년 7월 17일 제헌국회에서 제정한 '제헌 헌법'이며, 이후 아홉 차례 개정되었습니다. 이 중에는 이승만 대통령이 자신의 임기를 연장하기 위해 몇 번이라도 대통령을 할 수 있도록 헌법을 고친 2차 개헌이 있고, 박정희 대통령이 정부에 대한 비판을 막고 영구 집권하기 위해 헌법을 고친 7차 유신헌법 개정이 있습니다.

이러한 부끄러운 역사가 있었지만, 1987년 6월 민주항쟁을 통해 현행 9차 개정 헌법이 정해졌고, 우리나라는 진정한 민주주의 국가가 되었습니다.

지고 있습니다. 2018년 3월 23일 문재인 대통령이 발의한 헌법 개정안에는 "국가는 동물 보호를 위한 정책을 시행해야 한다"고 규정하고 있습니다. 당장은 아니지만 헌법도 바뀔 수 있기에 우리나라에서도 다른 나라들처럼 동물 보호가 헌법 조문에 포함될 수 있을 것이라고 봅니다. 앞서 살펴보았듯 헌법에 동물 보호 항목을 넣는다는 것은 큰 의미가 있습니다. 정부와 법원, 더 넓게는 우리 사

     지속가능한 세상에서 동물과 공존한다는 것

동물권 헌법 명시를 촉구하는 시민단체 (사)동물권행동 카라의 홍보물.

회에 동물 보호와 관련한 의무가 주어지기 때문입니다.

여러분은 어떻게 생각하나요? 이번 장에서 다루는 여러 내용을 죽 읽다 보니 동물과의 공존을 위해 법적으로 고민하고 개선해 나가야 할 부분이 많다는 생각이 드나요? 당연히 이 모든 논의에 찬성할 필요는 없습니다. 동물 보호 관점에서 생각하더라도 너무 과하다고 생각할 수도 있고요. 중요한 건 이제 하나씩 고민하고 논의해 나가야 할 때라는 것이겠죠. 동물과 공존하려면 넘어야 할 산이 참 많은 것 같습니다.

1 헌법에 '동물 보호'라고 규정하는 것과 '동물권 보장'이라고 규정하는 것 사이의 차이는 무엇일까요?

2 우리나라 헌법에 동물 보호가 규정되었을 때 무엇이 달라질지 함께 논의해 봅시다.

[3장]

동물과 공존해야 하는 이유

01
벌이 사라진다면?

아인슈타인은 "지구상에서 벌이 사라지면 식물이 멸종하고 인류도 4년 안에 사라질 것"이라고 경고했습니다. 예전에는 사람들이 이 경고에 큰 관심을 두지 않았는데, 시간이 흘러 아인슈타인의 경고가 현실이 될 수도 있다는 우려와 함께 2017년 국제연합[UN]에서는 '세계벌의날'World Bee Day 을 지정했습니다.

앞에서도 언급했지만, 전 세계에서 야생벌 2만여 종 가운데 8천여 종이 멸종 위기에 처했습니다. 세계 여러 지역에서 꿀벌의 30-40%가 사라지고 있습니다. 2016년 미국에서는 토종 꿀벌 7개 종이 멸종 위기 생물로 지정되었고요. 이런 추세로 가면 2035년에는 벌이 지구상에서 사라질 수도 있다는 전망이 나오고 있답니다.

실제로 유엔식량농업기구FAO에서는 벌의 역할이 인류에게 얼마나 중요한지에 대해 발표했습니다. 벌은 세계 식량의 90%를 차지하는 100대 주요 농작물 중 71%의 수분 작용을 하고 있습니다. 벌은 꿀을 찾아 꽃 안으로 들어가 꽃가루를 몸에 묻히고 다른 꽃에 있는 꿀을 먹기 위해 이동하면서 수분 작용을 돕지요. 수술의 꽃가루가 암술대를 통해 밑씨를 만나 활발히 수분 작용을 촉진합니다. 이런 과정 덕분에 열매가 맺히고 씨앗이 생기면서 생태계가 유지되고 있는 것입니다.

하지만 현재 전 세계에서 벌은 멸종 위기에 내몰리고 있습니다. 기후변화, 서식지 감소, 급격히 늘어난 농약 및 화학약품 사용 등 여러 가지 요인 때문입니다. 유럽에서는 벌 개체 수의 급격한 감소 원인으로 살충제를 주목하고 있습니다. 포유류에는 거의 독성이 없고 곤충에만 작용한다는 살충제가 무분별하게 쓰이면서 벌이 죽어가고 있기 때문입니다. 유럽연합EU에서는 벌의 개체 수 감소 원인으로 지목된 살충제에 대해 사용 금지를 결정했습니다. 벌을 비롯한 곤충의 감소를 막기 위해서입니다.

무엇보다 지금 주목해서 볼 것은 기후변화와 벌의 개체 수 감소 사이의 관계입니다. 기후변화로 꽃이 피고 지는 기간이 단축되면서 벌이 꿀을 모을 수 있는 기간도 짧아졌습니다. 이로 인해 벌들의 생존에 큰 위기가 닥쳤고, 이런 상황에서 벌들의 떼죽음이 현

     지속가능한 세상에서 동물과 공존한다는 것

실로 나타나고 있는 것입니다. 2007년부터 꾸준히 평균 30% 정도로 벌의 개체 수가 줄어든다는 연구 결과가 나오고 있습니다. 유엔환경계획^{UNEP}은 긴급 보고를 통해 세계에서 벌이 감소하는 현상이 심각하며, 벌 감소 현상이 빠르게 진행될 경우 생태계 교란은 물론 세계 식량 안보에 심각한 문제가 생길 것이라고 경고했습니다.

벌은 꽃 사이를 부지런히 오가며 꽃가루를 옮겨 줍니다. 그것이 식물들이 열매를 맺는 데 결정적 역할을 하는 것이고요. 그러므로 2억 년간 지구 생태계를 지켜 온 벌이 떼죽음을 당한다는 건 곧 식물의 번식이 멈춰 생태계 질서가 무너진다는 뜻이기도 합니다.

벌이 많아지면 꽃과 열매도 많아지고 곤충과 새들도 많이 찾아올 것입니다. 벌은 환경의 지표이고, 따라서 많은 벌이 지구에서 살아간다는 건 지구 생태계가 건강하다는 증거입니다. 윙윙대는 벌 소리가 여기저기서 들린다는 건 그곳이 인간에게도 좋은 환경이라는 뜻입니다.

도시 양봉으로 꿀벌 구하기

1962년 미국의 해양생물학자이자 작가인 레이철 카슨이 쓴 《침묵의 봄》은 세계적으로 큰 주목을 받았습니다. 새들이 사라지면 생태계가 무너져 봄이 올 수 없다는 경고를 담은 이 책의 내용

밴쿠버컨벤션센터 옥상에서 도시 양봉이 이루어지고 있는 모습.

은 벌의 멸종 위기와 맞닿아 있습니다. 살충제로 인해 곤충이 사라져 새들도 살아갈 수 없는 지구라면 결국 사람도 살아갈 수 없기 때문이지요. 벌의 생존이 인간을 비롯해 지구 생태계가 지속가능하기 위해 꼭 필요하다는 것을 명심해야 합니다.

1990년대 초 유럽과 미국을 중심으로 멸종 위기에 처한 꿀벌을 구하고 도시 생태계의 생물다양성을 높이기 위해 새로운 시도가 펼쳐졌습니다. 바로 도시에서 벌을 키우는 도시 양봉입니다. 영국 런던에는 벌통이 3,200개가 넘고, 미국 뉴욕과 프랑스 파리 등에서도 양봉을 취미로 하는 도시인들이 갈수록 늘고 있습니다. 도시가 시골보다 벌을 키우기 좋은 환경이기 때문입니다.

벌은 따뜻하고 건조한 곳을 좋아합니다. 아스팔트와 콘크리트로 둘러싸인 도심 지역은 열섬 현상으로 고온 건조하기 때문에 벌을 키우기에 좋은 환경입니다. 실제로 겨울철 꿀벌의 생존율은 시골에서는 40%에 불과하지만 도시에서는 60%에 이릅니다.

런던과 파리, 뉴욕 시민들이 기후변화와 농약 사용 등으로 인해 꿀벌 개체 수가 줄어드는 데 대한 반성으로 시작한 도시 양봉이 꿀벌뿐 아니라 도시의 생태계까지 살리고 있습니다.

우리나라에서도 곳곳에서 도시 양봉이 펼쳐지고 있답니다. 서울 명동에 있는 유네스코 건물 옥상을 비롯해 국회도서관 옥상에 꿀벌 90만 마리가 서식하는 '도시 양봉' 공간이 마련되어 있거든요. 최근 서울은 물론 지방자치단체에서도 도시 양봉을 교육하고 가정에서 직접 벌을 키우는 집들도 많아지고 있습니다. 우리나라에서 이루어지는 도시 양봉에 관해서는 웹사이트 어반비즈서울 urbanbeesseoul.com을 참고해 볼 수도 있습니다. 도시에서 벌을 키우며 지구 환경을 살리는 도시 양봉에 관심을 기울여 보면 어떨까요?

열섬 현상

건물의 냉난방, 공장 가동, 자동차 운행 등으로 발생한 폐열이 도시의 기온을 높여서 도심 번화가 지역의 기온이 주변 교외 지역에 비해 더 높게 나타나는 현상.

1 '세계벌의날'을 만든 까닭은 무엇일까요?

2 벌이 사라지는 것이 왜 문제가 되는 걸까요?

02
갈수록 심각해지는 인수공통감염병

도대체 코로나바이러스감염증-19(이후 코로나19로 표기)는 어떻게 발생한 것일까요? 흔히 박쥐와 같은 야생동물로 인해 코로나19가 생겼다고 합니다. 그래서 야생동물을 모두 없애 버리자는 주장도 있었습니다. 하지만 이런 주장은 과학적이지 않을 뿐 아니라 잘못된 생각입니다.

전 세계를 멈춰 서게 한 코로나19는 인수공통감염병입니다. 사람 '인'人과 동물 '수'獸라는 한자를 통해 알 수 있듯이 사람과 동물이 공통으로 걸리는 감염병이에요. 즉, 동물에 있던 바이러스가 사람한테 옮겨진 것입니다. 사스, 메르스, 신종플루, 지카바이러스 등 최근 전 세계에 퍼진 감염병은 대부분 인수공통감염병이었습니다.

코로나19 발생 원인

　인수공통감염병은 숙주인 동물로부터 인간에게 전파되어 감염을 일으킵니다. 사실 박쥐와 코로나바이러스는 일종의 공생 관계입니다. 박쥐는 코로나바이러스에 감염된 게 아닙니다. 박쥐는 코로나바이러스를 품고 살아갑니다. 즉 박쥐는 '자연 숙주'입니다. 문제는 박쥐에 있던 코로나바이러스가 다른 동물로 옮겨 간다는 점입니다.

　사실 박쥐는 나쁜 동물이라고 할 수 없답니다. 오히려 박쥐는 지구의 자연 생태계 균형을 위해 중요한 역할을 하고 있습니다. 박쥐는 300종이 넘는 과일나무의 수분을 도울 뿐만 아니라, 열대식물의 씨앗을 멀리 퍼뜨려 숲을 확장하게 하는 핵심 역할을 합니다. 또한 해충을 잡아먹으면서 생태계의 균형을 잡아 가고 있기도 하죠. 날아다니는 박쥐의 모습을 보고 조류라고 생각하기 쉽지만, 사실 박쥐는 인간과 같은 포유류입니다. 현재 지구상에 약 5천여 종의 포유동물이 있는데, 박쥐는 이 중에서도 무려 1,200여 종에 이릅니다. 전체 포유동물 종 중 대략 25%를 차지하는 수준이니, 생각보다 훨씬 많지요?

　실상은 좀처럼 마주할 일이 없었던 박쥐의 서식지를 인간이 파괴하거나 또 박쥐 등 야생동물을 거래하는 문제를 통해 코로나19

　　　　　지속가능한 세상에서 동물과 공존한다는 것

자연 생태계 균형을 위해 중요한 역할을 하는 박쥐.

와 같은 감염병이 확산되었다는 점을 기억할 필요가 있습니다. 미국 하버드 공중보건대학 연구진은 코로나19의 원인을 '동물 서식지 파괴 및 야생동물 거래'로 지목했습니다. 세계보건기구[WHO] 연구팀에서도 코로나19와 같은 신종 감염병을 일으키는 가장 큰 요인으로 '산업 활동으로 인한 생태계 파괴' 또는 '기후변화'를 지목했습니다. 인류가 야생동물을 계속 착취하며 생태계를 파괴한다면 코로나19와 같은 감염병이 동물에서 인간으로 끊임없이 확산될 수 있습니다.

코로나19가 단지 박쥐 때문이라고 지목하는 것은 잘못된 접근입니다. 야생동물이 살던 자연을 농지, 목축지, 공장 부지 등으로 바꾸면서 동물과 인간의 접점이 늘어난 상황에 주목해야 합니다. 특정 동물만 감염되던 병원체가 '인수 공통' 감염병으로 변형돼 사람에게 전염되는 상황을 이대로 내버려 둔다면, 코로나19와 같은 신종 감염병은 언제든 되풀이될 수 있음을 기억해야 합니다.

악순환을 멈추라!

현재 지구에는 약 160만여 종의 미지의 바이러스가 존재한다고 합니다. 첨단 과학기술로 이 바이러스들을 모조리 없애겠다고 목표로 삼는 것은 어리석은 일입니다. 무분별한 개발이 진행되면 생태계 균형이 무너지고 기후위기가 더욱 악화되어 미지의 바이러스가 인수공통감염병으로 퍼져 나가는 악순환이 되풀이될 수밖에 없기 때문입니다. 백신을 개발해도 또 다른 변종 바이러스가 나타나 인간을 위협할 것입니다.

2020년 8월, 서울 광화문 세종문화회관 앞에서 '절멸, 질병X 시대, 동물들의 시국선언'이라는 주제로 릴레이 퍼포먼스가 열렸습니다. 창작 그룹 '이동시'(이야기와 동물과 시)는 동물 가면을 쓰고 발언대에 올라 인간에게 억울한 사연을 풀어냈습니다. 박쥐와 천산갑의 이야기를 함께 들어볼까요?

나는 니파·사스·코로나바이러스의 원인으로 지목되었고 혐오의 대상이 되었다. 그러나 내가 인간에게 다가간 것이 아니라 인간들이 나에게로 왔다. 그 뒤로 많은 것이 파괴되었다. 지금 나를 괴롭히는 것은 내가 혐오의 대상이라는 사실이 아니다. 니파바이러스 때는 110만 마리의 돼지가 사살되었다. 사스 때는 사향고양이를 끓는 물에 던졌고, 코로나19 때에는 밍크와 천산갑을 죽였다. 인간은 죽을힘을 다해 사는 것이 아니라 죽인 힘으로 산다. 나는 죽는다. 그러나 돼지와 사향고양이와 천산갑과 밍크와 그리고 다른 동물 누구도 더는 건드리지 말라.

나는 코로나바이러스의 중간 숙주로 지목되었다. 내 비늘이 약효가 있다는 거짓된 믿음 때문에 우리는 멸종 위기에 처했다. 연기를 피우고 숲을 파괴하며 우리를 끌어내린 뒤 잡아 죽인다. 내 비늘은 당신들 머리카락과 같은 성분이다. 하나만 알고 죽자. 이렇게 어리석고 무지한 게 인간이라면 짐승이란 말은 왜 필요한 걸까?

이들의 목소리를 들어보니 어떤가요? 공감이 되나요? 어떤 이들은 과학적이지 않다고, 또는 감성적이라고 비판할 수도 있습니다. 이러한 목소리를 모아 내는 이유에 대해서도 다양한 감상이 있겠지요. 다만 작은 목소리에도 귀를 열고 생각해 본다면, 코로나19 상황에 대한 여러 문제점에 대해서도 다각도로 접근할 힘을 기를 수 있지 않을까요?

1 박쥐에게 코로나19의 책임을 묻는 것은 올바른 일일까요?

2 코로나19와 같은 신종 감염병이 계속 일어나는 까닭은 무엇일까요?

03
기후위기로 위험에 내몰린 지구 공동체

　지구촌 곳곳에서 폭염과 혹한, 폭우나 강력한 태풍 등이 자주 발생하고 있습니다. 급격한 기후변화로 지구가 점점 위험해지고 있습니다. 미국 텍사스에서 대규모 정전 사태를 일으킨 한파와 터키·호주·아마존에서 난 산불 등 우리가 우려했던 기후위기의 여러 현상이 더욱 가까이 다가오고 있습니다. 서로 다른 장소에서 일어난 재난이지만 이는 탄소 배출 등으로 인한 환경 파괴와 밀접하게 연결되어 동시다발적으로 발생하고 있습니다. 게다가 기후위기 대응에 필요한 정보가 부족한 나라들의 경우 피해가 더 큰 실상입니다.

가장 큰 피해자는 야생동물

최근 일어난 재난들은 야생동물들에게도 치명적 위협이 되고 있습니다. 기후변화로 가뭄이 지속되면서 일어난 호주 산불과 공장식 축산업과 연결된 아마존 산불, 그리고 팜유를 얻는 과정에서 인도네시아에서 발생한 산불로 숲이 무참하게 사라져 버렸습니다.

산불로 인해 호주에서만 30억 마리 이상의 야생동물이 목숨을 잃었습니다. 2년여 동안 지속된 산불로 코알라는 가장 큰 피해를 입었는데, 개체 수가 무려 90%가량 줄어들어 멸종 위기에 맞닥뜨렸습니다. 1년여 동안 이어진 아마존 열대우림의 화재로 인해 재규어와 악어 등도 위험에 처했고요. 심지어 극지방인 남극의 기온이 영상 20도를 기록하면서 아델리펭귄이 떼죽음을 당했고, 턱끈펭귄 7만 쌍도 사라졌습니다. 기후위기의 가장 큰 피해자는 바로 야생동물입니다. 기후위기는 인간의 욕심이 빚어낸 대규모 개발과 환경 파괴로 점점 더 가속화되고 있습니다.

지구의 허파로 불리는 아마존에서는 숲을 농경지로 바꾸기 위해 꾸준히 불을 이용하고 있다고 합니다. 그 과정에서 산불이 계속 번지고 있는 것이고요. 그런데 그렇게 만든 농경지에서 재배된 콩은 대부분 동물 사료로 쓰입니다. 아마존에서 직접 고기를 생산하지는 않지만, 세계적인 공장식 축산업이 아마존의 열대우림과 이렇게 연결되어 급속도로 산림을 파괴하고 있는 것이지요. '육식'을 선호하는 많은 사람과 공장식 축산업이 브라질 아마존 산불의 원인으로 지목되고 있는 이유입니다.

2000년대 중반 제정된 산림 관리 정책으로 열대우림의 파괴 속도가 조금 늦춰지기는 했지만, 2019년 브라질 정부의 변화와 맞물려 산림 관리 정책이 완화되면서 산림 파괴와 산불이 더욱 늘어나고 있습니다. 아마존의 야생동물과 생태계가 다시금 큰 위험에 빠졌다는 말입니다.

야생동물만의 문제가 아니다

이런 변화는 야생동물만이 아니라 인간도 위협합니다. 무분별한 개발로 인해 기후위기가 지속되면서 세계 식량 위기로 이어지고 있습니다. 홍수와 가뭄이 빈발하고 병충해가 창궐하면, 농작물의 생육이 어려워지기 때문입니다. 또 식량과 식수가 부족하면 정치적 혼란과 함께 기후 난민이 급격히 늘어나게 됩니다.

당장 아프리카에서는 먹을 수 있는 물이 부족하고, 시리아에서는 내전으로 인해 더 이상 안전하게 살 수 없는 환경이 되어 대규모 난민이 발생했습니다. 게다가 야생동물들의 서식지가 파괴되어 동물들이 강제로 이동하게 되면서 다른 동물이나 사람과의 접촉

기후위기가 불러온 재난들. 가뭄으로 땅이 갈라지고,
쓰나미로 하루아침에 삶의 터전이 사라졌다.

 지속가능한 세상에서 동물과 공존한다는 것

기회가 빈번해져 병원체를 공유할 위험성이 높아집니다. 바로 코로나19 같은 감염병이 새롭게 발생하는 끔찍한 일이 일어나는 것입니다.

현재와 같은 인간의 활동이 계속된다면, 기후위기로 인해 이번 세기 내에 전체 생물종의 50%가 멸종할 수 있다는 경고가 나오기도 했습니다. 우리가 전 세계에서 마주하는 재난은 생각하는 것보다 훨씬 더 서로 긴밀히 연결되어 있습니다.

다행스럽게도 문제가 서로 연결되어 있다면 해결책도 연결되어 있겠지요? 함께 이를 일깨워 보면 좋겠습니다. 어떻게 전 지구적 위기를 헤쳐나갈지 같이 생각해 봐야겠습니다.

★ 함께 생각해요!
　1 브라질 아마존 산불의 큰 원인은 무엇일까요?
　2 공장식 축산업과 환경 파괴는 어떤 관련이 있을까요?

04

인간의 몸에 축적되는 가축 항생제

항생제는 수많은 사람의 생명을 살리는 획기적인 약으로서 발명 초기에 큰 환영을 받았습니다. 항생제 발명 이전에는 태어난 아이 열 명 중 세 명은 채 한 살이 되기도 전에 사망했으며, 절반 정도가 열 살이 되기 전에 사망했습니다. 그 이유는 천연두, 홍역, 말라리아, 콜레라, 폐렴, 패혈증 같은 각종 질병 때문이었습니다.

이런 상황에서 인체에 침입한 세균을 공격해 질병을 치료하는 항생제가 만들어졌고, 이후 항생제는 만병통치약처럼 활용되었습니다. 항생제의 시대가 시작된 것이지요.

항생제 내성은 조용한 팬데믹

하지만 항생제의 부작용과 함께 항생제 내성이 발견되면서 이전처럼 항생제를 함부로 많이 사용하지 않게 되었죠. 항생제 내성은 미생물이 항생제에 노출되어도 항생제에 저항하여 생존하는 약물 저항성(외부 스트레스에 대하여 한 유기체가 견디는 힘)을 말합니다. 즉 기존 항생제로는 세균의 감염 질환을 치료하기가 어려워진 것입니다. 기존 항생제로 치료할 수 없는 슈퍼박테리아가 그렇습니다. 2050년이 되면 기존 항생제로 치료할 수 없는 슈퍼박테리아 때문에 전 세계에서 1년 기준 1천만 명이 사망할 것으로 예측됩니다.

사람뿐만 아니라 동물에게도 항생제는 감염증을 치료하는 데 큰 공헌을 해 왔습니다. 그러나 항생제를 오·남용함으로써 항생제를 투여해도 죽지 않는 항생제 내성균이 생겨나 인간과 동물의 건강을 위협하고 있습니다. 항생제 내성을 가진 세균에 감염된 환자는 치료에 사용할 수 있는 항생제 종류가 제한됩니다. 이에 세

내성(耐性, tolerance)

약물을 정량 반복적으로 사용했을 때 효과가 감소하는 현상. 내성은 약물의 효험을 감소시키지만 반드시 약물의존증이나 탐닉증과 관련이 있는 것은 아니다.

계보건기구WHO는 항생제 내성을 인류의 생존을 위협하는 열 가지 위험 중 하나로 경고하고 있습니다. 항생제 내성은 '조용한 팬데믹'Silent Pandemic으로 여길 만큼 시급한 보건 문제가 되었습니다. 세계보건기구는 이 문제를 해결하기 위해 매년 11월 셋째 주를 '세계 항생제 인식 주간'으로 지정하고 항생제 내성에 대한 인식과 실천을 강조하고 있습니다. 우리나라 정부에서도 항생제 내성을 예방·관리하기 위한 정책을 마련해 실천하고 있습니다.

이런 노력 덕분에 이전과 달리 병원 등에서 항생제 처방이 줄어들고 있습니다. 과도한 항생제 사용으로 인해 내성이 생기는 문제를 막기 위해서입니다. 하지만 우리가 놓치고 있는 부분이 있습니다. 바로 가축에 사용되는 항생제입니다. 식생활에서 고기 수요가 늘어나면서 가축을 키우는 비율이 늘어났지요. 이 과정에서 과도한 항생제를 사용해 문제가 되고 있습니다. 축산물 생산량 대비 항생제 사용량을 나라별로 비교한 결과, 37개 국가 중 우리나라가 중국 다음으로 항생제를 많이 사용하는 나라로 나타났습니다.* 식품의약품안전처에서 조사한 국내 유통 축산물의 항생제 내성률을 비교한 결과에 따르면, 여러 가지 항생제에 내성을 나타내는 다제내성균이 수입 축산물에 비해 국내산에서 높게 나타났습니다.

* "방역은 과학이다: 항생제 내성 현황과 올바른 사용 방안", 〈축산신문〉(2020년 11월 25일).

                    지속가능한 세상에서 동물과 공존한다는 것

축산업에서 항생제 사용이 늘어나는 것은 위험한 일입니다. 축산물을 통해 바로 사람에게 항생제가 축적되기 때문입니다. 세계보건기구에서는 이와 같은 문제를 파악하여 사람과 가축, 식품 및 환경 분야를 포괄한 국가 대책을 마련하여 실행을 권고하고 있습니다. 이를 원 헬스One Health라고 합니다.

원 헬스란 환경·동식물·사람의 건강이 상호 밀접하게 관련돼 서로 영향을 주고받으므로 모든 분야가 함께 노력해야 한다는 개념입니다. 항생제 내성은 어느 한 분야의 노력만으로는 해결하기 어렵습니다. 원 헬스 개념을 바탕으로 전략을 수립해 모든 분야가 함께 노력해야 해결할 수 있습니다. 국제 과학자 단체 '전염병 원천 예방을 위한 국제 과학 대책위원회'에서도 미래의 전염병을 예

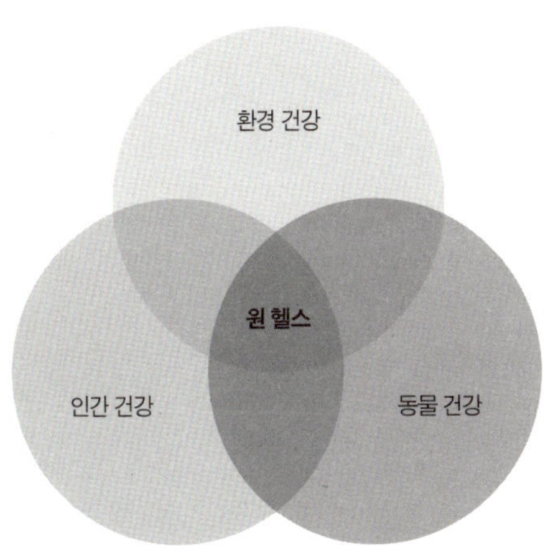

원 헬스: 인간, 동물, 환경을 하나로 묶다.

방하기 위해서는 원 헬스처럼 통합적 방식을 취해야 한다고 권고합니다.

이렇게 세계에서 같은 생각으로 대응하는 이유가 무엇일까요? 인간의 건강이 동물의 건강 및 자연환경과 밀접하게 연관되어 있기 때문입니다. 세계보건기구에서도 인간만이 아니라 동물과 생태가 조화를 이루는 과정을 통해 인수공통감염병과 항생제 내성을 관리하고 식품 안전에 집중해야 한다고 강조하고 있습니다.

인도독수리 멸종 위기의 원인과 결과

최근 멸종 위기를 맞고 있는 동물 중에 인도독수리가 있습니다. 1990년대 중반부터 인도와 주변 지역에 서식하는 독수리들이 원인 모르게 대량으로 죽어가는 것이 발견된 이후, 10여 년 만에 과학자들이 독수리의 대량 죽음의 원인을 찾아냈습니다. 바로 디클로페낙Diclofenac이라는 항생제 때문이었습니다. 이 항생제는 인도 지역 가축들에게 널리 사용되었고, 이 가축의 사체를 먹은 독수리들이 몸이 붓고 신장이 망가져 극심한 고통 속에서 사망에 이르게 된 것입니다. 가축에 사용된 항생제가 독수리의 생명을 앗아 간 것이지요.

독수리의 멸종 위기는 인도와 주변 지역에 큰 문제로 다가서고

     지속가능한 세상에서 동물과 공존한다는 것

멸종 위기에 처한 인도독수리. 독수리의 죽음은 독수리에서 끝나지 않는다.

있습니다. 인도는 전통적으로 힌두교를 믿으며 소를 숭상하기 때문에 소고기를 먹지 않습니다. 그래서 인도는 세계에서 소가 가장 많은 지역 중 하나입니다. 예전에는 소가 죽으면 독수리들이 소의 사체를 청소해 주는 역할을 했는데, 그 독수리가 사라지자 탄저병이 크게 늘어나고 있습니다. 또 가축의 사체가 방치되면서 번식이 빠른 개와 쥐 등의 개체 수가 급속히 증가해 새로운 문제가 생기고 있습니다. 공공 위생 문제부터 광견병 등으로 인해 인도 사회는 불안정한 위기 상황과 마주하고 있습니다.

가축 항생제에서 촉발된 독수리의 멸종 사태는, 멸종이라는 문제가 단순히 독수리만의 문제가 아니라 인간은 물론이고 지역과

생태계가 무너지는 심각한 문제라는 사실을 일깨워 주는 사건입
니다.

★ 함께 생각해요!

1 동물들에게 투여된 항생제가 왜 문제가 되는 걸까요?
2 세계보건기구에서 원 헬스를 강조하는 까닭은 무엇일까요?

05
생물다양성 위기를 극복하기 위해

지구상의 모든 생물은 홀로 살아갈 수 없습니다. 다양한 생물과 함께 상호작용하며 변화무쌍한 환경에 맞춰 살아가기 때문입니다. 아마존 같은 열대우림을 비롯해 사막과 바다에 이르는 다양한 생태계에 적응하면서 생물은 살아가고 있습니다. 생물다양성이 있기에 지구는 현재와 같은 모습으로 존재하고 있습니다.

생물다양성은 단순히 생물이 다양하게 있는 것만을 뜻하지 않습니다. 이 말은 생태계 다양성, 종 다양성, 유전자 다양성 등 여러 가지를 포함합니다. 생태계 다양성은 우리가 마주하는 강이나 습지, 사막, 산림 등 서식 환경의 다양성을 뜻합니다. 종 다양성은 분류학적으로 나뉘는 생물종의 다양성이고, 유전자 다양성은 종 내

유전자 변이를 뜻하는 개념입니다.

세계 생물종 다양성 보존의 날

최근 지구는 생물다양성의 위기를 맞았습니다. 무분별한 개발과 환경오염 등으로 인한 기후변화로 생물이 서식하는 환경이 나빠지고 있기 때문입니다. 실제로 기후변화로 인해 극지방의 빙하가 녹고, 해수면이 상승하고, 또 열대우림이 개발되는 등 서식 환경이 파괴되면서, 많은 야생동물이 위기를 맞고 심지어 멸종하는 사례가 잇따라 보고되고 있습니다.

1600년대 이후 생물종의 멸종 속도는 이전에 비해 엄청나게 빨라졌다고 합니다. 이에 따라 생물다양성 감소에 대한 위기의식이 세계적으로 확산되고 있고요. 생물다양성은 생물 자원으로도 연결되는데, 생태적 측면에서만이 아니라 사회·문화·경제적 측면에서도 중요합니다. 환경 가치를 주제로 한 생태 또는 녹색 관광의 토대가 될 수 있고, 이를 통해 관광 관련 산업에서 고용 창출 효과를 기대할 수 있기 때문입니다. 또 의료 서비스, 쾌적한 환경, 청정 바이오 에너지 등 새로운 가치를 창출함으로써 우리 삶을 향상하는 데 기여할 수 있습니다. 의약·농업·환경 분야에서 미래 바이오 경제를 주도하는 데에도 생물다양성은 중요한 역할을 합니다.

 지속가능한 세상에서 동물과 공존한다는 것

'세계 생물종 다양성 보존의 날' 포스터.

이런 이유로 1992년 브라질 리우데자네이루에서 열린 유엔환경개발회의UNCED에서는 생물다양성을 보호하기 위해 국제적 대책과 관련 국가 간의 권리·의무 관계를 규정하는 협약이 맺어졌습니다. 바로 '생물다양성보존협약'입니다.

'생물다양성보존협약'은 1993년에 발효되었고 현재 200여 국가가 가입해 있습니다. 우리나라도 1994년에 가입했습니다. 세계

각 나라의 생물자원에 대한 주권적 권리를 인정하면서 생물종 파괴 행위를 규제하고, 생물다양성의 보전과 합리적 이용을 위한 국가 전략을 수립하도록 하는 것이 협약의 내용입니다. 나아가 협약 발표일인 1992년 5월 22일을 기념해 해마다 자연과 생물종의 다양성을 보존하기 위해 '세계 생물종 다양성 보존의 날'을 제정했습니다.

평형을 되찾자

생물다양성을 보존해야 하는 까닭은 생태계의 평형을 되찾기 위해서입니다. 생태계의 평형이 파괴되면 인간도 멸종 동물처럼 생존 자체가 불가능해지고 지구도 지속가능하지 않기 때문입니다.

생물다양성을 보존하려면 우선 멸종위기종을 보호해야 합니다. 멸종위기종을 자생지 내에서 보전하는 것이 가장 좋은 방법이겠지요. 하지만 인간의 간섭과 서식지 변화가 많은 경우에는 자생지 내에서 종을 보전하기가 어렵습니다. 이런 경우 인위적으로 보호·관리하는 방법도 있습니다. 식물원과 수목원, 동물원 등이 그 예입니다. 또 공유지나 호수, 습지, 산지 등을 법으로 보호구역으로 지정해 인간의 활동으로 인한 산불이나 해충 등 파괴적 영향을 효과적으로 통제합니다. 더불어 도로 등을 건설하면서 서식지가 분리된 상황에서는 생태통로를 만들어 서식지를 연결하여 야생동물이 차에 치이는 것을 막고, 개체군의 자가 교배를 줄이며, 생태계를 활성화시킵니다.

일련의 과정에서 가장 중요한 것은 생물다양성이 사라지는 것과 그에 얽힌 여러 문제에 대한 사람들의 인식을 확산하는 것입니다. 다행히 생물다양성에 관하여 사람들의 인식이 점차 변화하고 있어요. 미래 세대를 위해 생물다양성을 지키고, 인간의 책임을 성찰하면서 생물다양성의 중요성을 일깨워 보면 좋겠습니다.

★ 함께 생각해요!

1 생물다양성이 중요한 까닭은 무엇일까요?
2 '세계 생물종 다양성 보존의 날'을 만든 까닭은 무엇일까요?

[4장]

동물의 관점에서 생각하기

01

동물에게 동물원은 어떤 공간일까?

동물원은 가족 나들이나 체험학습 장소로 인기가 좋습니다. 세계적으로도 동물원은 오래전부터 사람들이 즐겨 찾는 장소입니다. 사실 동물원은 처음에는 진귀한 동물을 전시하여 권력과 부를 드러내기 위해 만들어졌답니다.

여러분 역시 동물원에 갔던 기억이 있지요? 그곳에서 동물들이 어떻게 지내는지도 살펴본 적이 있을 것입니다. 그런데 동물원에 있는 동물들은 자신의 처지를 어떻게 생각할까요? 어쩐지 좋은 말이 나올 것 같지 않네요.

동물이 주인인 곳으로 변화하는 동물원

동물원의 동물들은 편안해 보이는 것 같지만 사실 심각한 위기 상황에 놓여 있습니다. 자신의 삶터가 아닌 곳에 갇혀 끊임없이 밀려드는 사람들에게 자신의 생활을 숨김없이 보여 줘야 하기 때문입니다. 게다가 동물 쇼 등에 출연하는 경우, 고된 훈련을 받는 과정에서 병들고 심지어 목숨을 잃기도 합니다. 그래서 최근에는 여러 동물원에서 더 이상 이런 일이 되풀이되어서는 안 된다고 반성하며 새롭게 동물원을 바꿔 나가고 있습니다. 그렇습니다. 동물원이 변하고 있습니다.

동물원에 가면 흔히 마주하는 장면이 있습니다. 바로 호랑이나 사자 등 대부분의 동물이 꾸벅꾸벅 졸거나 무기력하게 누워 있는 모습, 코끼리 등이 우리 안을 반복해서 도는 모습입니다. 육식동물이라서 사냥이나 활동하는 시간 이외에는 쉬는 시간이 많다고는 하지만 유난히 동물원의 동물들은 축 처져 자고 있는 경우가 많습니다.

이는 동물의 야생성을 동물원이 앗아 갔기 때문입니다. 실제로 동물원의 동물이 이상행동을 하는 경우가 많다고 합니다. 드넓은 자연환경에서 살아야 할 동물이 좁은 우리에 갇혀 지내면서 생긴 병이지요. 제자리를 맴돌거나 심지어 자신의 몸에 상처를 내는 동

  지속가능한 세상에서 동물과 공존한다는 것

동물원 창살 속에서 잠들어 있는 사자의 모습.

물이 적지 않다고 하는데, 동물원 생활이 괴로워서 나오는 이상행동입니다

　이런 문제들의 심각성을 알게 되면서 최근 동물원이 바뀌고 있습니다. 관람객만을 위한 곳이 아니라 동물이 주인이 되는 곳으로 거듭나고 있습니다. 사람들의 짧은 즐거움을 위해 동물을 전시하는 것이 동물을 괴롭히는 것이며 잔인한 행위란 걸 깨달았기 때문이지요. 동물원의 주인은 관람객이 아니라 바로 동물이라는 생각이 커진 것입니다.

　먼저 동물들이 사는 공간의 바닥을 바꾸고 있습니다. 동물원에 갔을 때 철창 안 공간을 본 적 있나요? 그 바닥을 보면 자연 상

태의 흙이 아닌 콘크리트인 곳이 대부분이었습니다. 왜 그럴까요? 단지 청소하기 편하다는 이유 때문이었습니다. 하지만 그로 인해 동물은 발톱이 빠지는 등의 고통을 받았습니다. 이런 문제를 해결 하고자 바닥에 흙을 깔고 가능한 한 동물이 본래 살던 환경과 비슷하게 바꿔 가고 있습니다.

또 예전에는 동물들을 쇠창살을 둘러 가두고 그저 사람들에게 잘 보여 주는 방식으로 공간을 만들었는데, 이제는 동물들 저마다의 특성에 따라 온전한 삶을 살아갈 수 있도록 공간을 바꿔 나가는 움직임이 많아졌습니다. 자연의 모습을 담아 낸 방식으로 동물원 환경을 새롭게 만들어 가고 있는 것이죠.

그런가 하면 동물들이 본연의 모습대로 살 수 있도록, 자연에서 경험하는 것과 유사한 경험을 할 수 있게 동물원 내부 환경을 바꿔 나가고 있답니다. 목이 긴 기린을 위해서는 매일 신선한 풀을 높다란 곳에 두어 평소 습성을 지켜 주고, 진흙 목욕을 좋아하는 코끼리를 위해서는 콘크리트 바닥 대신 진흙을 깔아 주는 등의 변화를 만들어 간 것입니다. 물론 자연에서 살아가는 것보다는 부족하겠지만, 이전보다 동물에 맞춰 신경을 쓰기 시작했다는 점에서 긍정적인 변화인 듯합니다.

　　　　지속가능한 세상에서 동물과 공존한다는 것

새로운 동물원의 모습

관람객의 위치도 마찬가지랍니다. 동물원을 사람 중심으로 설계하는 것이 아니라 펭귄이나 바다 동물들이 마음껏 헤엄치고 쉴 수 있게 관람객의 위치를 건물 아래로 조정하는 곳이 늘어나고 있습니다. 그렇게 되면 동물들은 사람들의 시선에서 자유로워지고, 사람들 역시 자연스럽게 동물들과 함께할 수 있습니다.

최근 전 세계적 흐름에 따라 서울대공원에서도 점점 동물 쇼를 줄여 가고 있습니다. 사실 동물원에서 인기가 많은 동물 쇼는 여러모로 생각해 볼 점이 많습니다. 관람객에게 한 번의 관람은 좋은

돌고래 쇼. 사람들에게 즐거움을 주기 위해 동물들이 겪는 고통에 대해 생각해 봐야 하지 않을까?

추억거리가 될 수 있겠죠. 그런데 그 쇼를 준비하면서 동물들은 얼마나 힘든 훈련을 했을까요? 게다가 동물 쇼는 그다지 교육적이지도 않습니다. 동물원을 좋아하는 아이들에게 동물과 사람의 관계를 왜곡된 형태로 보여 주기 때문입니다. 예전에는 동물 보호 단체 등에서나 동물 공연을 반대했지만, 최근에는 점점 더 많은 사람들이 이에 호응하고 있습니다. 이로 인해 서울시에서도 돌고래 쇼를 폐지하는 등 새로운 정책을 펼쳐 나가고 있고요.

서울시에서는 2016년 지방자치단체 최초로 관람과 공연 등을 위해 사육하는 동물들을 위한 복지 기준을 마련해 시 소속 동물원과 공원에 즉시 적용했습니다. 동물이 인간과 공존하는 하나의 생명체로 존중받을 때 우리 사회의 생명 인식 수준도 높아진다는 뜻을 나누기 위해서입니다. 서울시가 만든 동물 복지 기준은 동물 전시·사육 환경과 영양 및 안전 등의 측면에서 동물 입양부터 사후 조치까지 모든 분야를 망라한 것입니다. 서울시는 동물의 복지를 보장하기 위해 관람·체험·공연 동물의 복지 원칙을 선언하고 지키도록 했습니다.

최근에는 동물원이 새로운 역할을 부여받고 있습니다. 동물들의 서식지가 개발 등으로 사라지면서 동물원이 동물들의 마지막 보루가 되고 있기 때문입니다. 따라서 이제 동물원은 관람을 위해서만이 아니라 서식지 파괴 등으로 멸종 위기에 내몰린 동물들을 보존하면서 환경과 생태계의 균형을 살리는 역할을 하기 시작했습니다.

이제 동물원도 지구 생태계를 지켜 나가는 방식을 교육하는 곳으로서 변화된 역할을 모색할 때입니다. 또한 이전처럼 좁은 우리에 동물을 가두는 것이 아니라 동물들이 살아가는 서식지를 국립공원 등으로 지정해 생태원으로 만드는 방식으로 나아가야 할 것입니다.

이렇게 새로운 방향으로 동물원이 운영된다면 인간과 동물이 함께하는 평화로운 삶을 찾아볼 수도 있을 것입니다. 생명의 소중함을 일깨우며 더불어 공존하는 새로운 형태의 동물원이 많아지면 좋겠습니다.

그동안 여러분이 마주했던 동물원의 모습은 어떠했나요? 동물 입장에서 동물원을 본다면 어떤 느낌일까요? 새로운 동물원을 만든다면 어떤 점에 중점을 두면 좋을까요? 동물원에 대해 새로운 사회적 상상력을 펼쳐 봅시다.

★ 함께 생각해요!

1 동물원이 앞으로 어떻게 달라지면 좋을까요?
2 동물이 인간과 공존하는 하나의 생명체로 존중받을 때 우리 사회의 생명 인식 수준도 높아진다는 말에 대해 어떻게 생각하나요?

지속가능한 세상에서 동물과 공존한다는 것

02
인간 동물원을 통해 본 동물원

동물원과 관련해서 하나 더 이야기하고 싶은 주제가 있습니다. 바로 인간 전시에 대한 것입니다. 약간 생소할 수도 있지만, 이를 살펴보면서 동물원의 문제점을 동물의 입장에서 살펴볼 수 있을 것입니다.

인간을 볼거리로 삼다

인간 전시의 예로 먼저 '프릭 쇼'freak show가 있습니다. '프릭'은 '괴짜, 변종, 기형'이라는 뜻을 가지고 있습니다. 즉 일반인과는 다르게 생긴 육체와 외모를 지닌 사람들을 기형아라고 부르며 이들을 구경거리로 보여 주는 쇼를 프릭 쇼라고 했습니다. 프릭 쇼는 17-18세기 영국과 미국에서 볼거리로 여기저기에서 만들어졌습니다. 다르게 생겼다고 구경거리로 삼다니, 오늘날 생각해 보면 이해할 수 없는 일입니다.

점차 과학이 발전하면서 독특한 외모의 원인이 유전자의 결함이나 병이라는 것을 사람들이 알게 되었고, 인권 개념이 발전하면서 프릭 쇼를 야만적인 3류 오락으로 여기게 되었습니다. 지금 프릭 쇼는 자취를 감추었습니다. 그런데 놀랍게도 1900년대 초반에 열린 세계박람회에 사람들을 강제로 끌고 와 만든 '인간 동물원'이 있었습니다. 어떻게 그런 일이 있었냐고요? 당시 세계박람회에서는 그때까지의 눈부신 과학기술과 예술 등의 성과도 발표했지만

세계박람회(World's Fair)

19세기 중반부터 열리고 있는 세계 최대 공공 박람회. 세계 여러 나라가 참가해 각국의 생산품을 합동으로 전시한다. 1851년 런던에서 최초로 개최한 것이 그 기원이며, 1928년 파리에서 체결한 국제박람회조약에 따라 가맹국의 주최 아래 4년마다 열린다. 가장 큰 볼거리는 참가국에서 꾸미는 국가별 전시관이다. 세계박람회는 흔히 엑스포EXPO라고도 하는데, 인류가 이룩한 업적과 미래에 대한 전망을 한자리에서 비교·전시하고, 해결 대안과 비전을 제시하는 경제·문화 올림픽이라고 할 수 있다.

 지속가능한 세상에서 동물과 공존한다는 것

1904년 세계박람회 필리핀 보호구역에서 춤추고 있는 이고로트족.

관람객의 눈길을 끌기 위해 인간 동물원도 열었습니다. 세계 곳곳에 살고 있던 다양한 소수민족 사람들을 미개한 사람들이라며 야만적 방식으로 전시했습니다. 이를 통해 피부색이 다른 사람들에 비해 백인이 우월하다는 잘못된 생각을 퍼뜨리고, 제국주의를 통한 식민지 지배를 정당화했습니다.

20세기 초 미국 뉴욕의 코니아일랜드에서는 필리핀 고산 지역에 사는 소수민족(이고로트족)이 전시되어 관광객을 맞이하기도 했습니다. 1958년 벨기에 브뤼셀에서 열린 세계박람회에서는 콩고인들이 현지의 마을처럼 꾸며 놓은 곳에서 온종일 수공예 작업을 해야 했습니다. 백인들은 이들을 지켜보며 우리 밖에서 바나나를

던지며 조롱했다고 하고요.

인간 동물원은 사라졌을까?

인간 동물원에서 관람 대상이 된 많은 사람들은 비극적인 죽음을 맞이했습니다. 열대 지역에서 온 사람들은 추위를 이기지 못하고 독감에 걸려 죽었고, 동물처럼 학대받고 조롱당하는 과정에서 많은 이들이 목숨을 잃었습니다. 그리고 공동묘지에 버려졌습니다. 이 중에서도 '오타 벵가의 죽음'은 널리 알려졌습니다.

콩고의 피그미족 남성 벵가는 1904년 미국으로 팔려 가 1906년 뉴욕의 한 동물원 원숭이 우리에 전시되었습니다. 결국 끊임없는 논란 끝에 1910년 동물원에서 풀려나 교육을 받고 공장에 취직하는 등 보통의 삶을 살려고 노력했지만 인간 동물원에서 받은 충격과 후유증으로 끝내 스스로 목숨을 끊었습니다.

우리 모두에게 동물원에 대해 다시 생각하게 하는 일화입니다. 프릭 쇼와 인간 동물원을 통해 원래 살던 곳이 아닌 좁은 곳에 살게 하면서 구경거리로 삼는다는 것이 어떤 의미인지 다시 생각해 볼 수 있을 듯합니다.

오늘날에도 이와 비슷한 사례를 찾을 수 있답니다. 바로 급격한 기후변화 등으로 삶터를 잃은 난민들의 삶을 지나치게 자세히 보여 주며 성금을 모으는 방송 등을 들 수 있습니다. 이런 방송은 난민들의 힘든 상황을 강조하면서 그들을 대상화하는 문제가 있습니다. 이러한 접근은 바람직한 태도가 아니라는 비판을 받아 왔고, 그 결과 최근에는 이런 방송이 많이 줄어들고 있습니다.

★ 함께 생각해요!

1 프릭 쇼와 인간 동물원에 대해 어떻게 생각하나요?
2 지금 우리가 사는 사회에서도 프릭 쇼나 인간 동물원과 비슷한 일이 있을까요?
3 프릭 쇼와 인간 동물원을 통해 지금의 동물원을 다시 생각해 봅시다.

대상화(對象化)

한 개인을 그의 품성이나 존엄성과는 상관없이 물건처럼 취급하는 행위를 말한다. 타자를 이해하고 규정하는 과정에서 그의 인간성이 사라지고 소기의 목적에 맞추어 인지하거나 취급하는 것을 뜻한다. 대상화는 개인의 자율성과 의지, 감정, 경험, 주체성을 부정한다. 흔히 '성적 대상화'라는 말을 사용하는데, 이는 자신의 성적 욕구를 위해 다른 이를 물건처럼 취급하는 것을 말한다.

03

동물실험은 어디까지 정당화될 수 있을까?

우리는 새로 개발한 의약품에 사람에게 나쁜 영향은 없는지 알아보기 위해 동물실험을 하고는 합니다. 예를 들어 신종 전염병인 코로나19의 치료제를 만들기 위해 햄스터나 쥐 등을 이용해 실험을 했습니다.

그뿐만이 아닙니다. 인류는 오래전부터 해부를 통해 동물의 생체를 관찰하며 뼈·내장·근육 등에 대한 지식을 확보해 왔습니다. 2020년 한 해 동안 우리나라에서 실험에 동원된 동물은 400만 마리나 됩니다. 백신과 같은 의약품이나 화장품 같은 물품을 판매하기 전에 안전성과 유효성을 점검하기 위한 실험에 동물이 이용되었기 때문입니다.

지속가능한 세상에서 동물과 공존한다는 것

최소한의 원칙 세우기

물론 사람을 살리기 위해서라는 정당한 사유가 있다고 볼 수 있습니다. 이와 관련해 1959년 영국 생물학자 윌리엄 러셀과 렉스 부르크는 동물실험에 대한 중요한 원칙을 제시했습니다. 첫째, 최소한의 동물 개체를 사용하라(Reduction). 둘째, 최소한의 고통을 주는 방식으로 하라(Refinement). 셋째, 가능하면 동물이 아닌 다른 방식으로 하라(Replacement). 이를 동물실험 윤리 원칙(3R)이라고 합니다.

우리나라 역시 '실험동물에 관한 법률'이 있습니다. 그런데 이 법은 실험동물 및 동물실험의 적절한 '관리'에 초점을 두고 있습니다. 또 '동물실험을 대체할 수 있는 방법의 개발·인정에 관한 정책의 수립 및 추진'이라는 규정도 있으나 선언적 성격이 강하지요.

그렇다면 화장품 동물실험은 어떤지 한번 살펴볼까요? 샴푸와 립스틱, 마스카라 등 피부에 닿는 화장품을 개발할 때 안전성 검사를 위해 토끼와 기니피그, 마우스 등을 이용한 실험을 합니다. 립스틱이나 마스카라 등의 화장품은 사용하지 않더라도 샴푸는 대부분 사용할 것입니다. 그런데 샴푸는 의약품만큼 사람에게 반드시 필요한 물품은 아니라고 생각할 수도 있습니다.

유럽연합EU은 이미 2013년부터 동물실험을 거친 화장품의 유

세계 실험동물의 날

1903년, 런던대 의과대학 교수 윌리엄 베일리스는 수업 중 마취가 덜 된 개를 해부했다. 이 수업을 듣던 스웨덴 학생 두 명이 베일리스 교수가 제대로 마취도 하지 않고 개를 해부해 실험동물에게 극심한 고통을 주었다며 국립생체해부반대협회NAS에 이를 제보했고, 이로 인해 재판이 열렸다. 베일리스 교수는 정상적인 마취를 했다고 주장했고 법정 공방은 무죄로 끝났지만, 동물실험에 대한 찬반 논란이 유럽 전역으로 확대되어 동물 생명 윤리에 대한 관심이 높아졌다.

실제로 화장품의 안전성을 시험하는 데 이용된 동물들은 실명하거나 털이 빠지기도 하고, 아무 이상이 없어도 실험이 끝나면 안락사되곤 한다. 영국동물실험반대협회National Anti-Vivisection Society는 이런 일이 되풀이되지 않기를 바라며 1979년에 '세계 실험동물의 날'을 정하고 동물실험을 반대하는 목소리를 높여 왔다. 유럽연합에서도 이들의 주장을 받아들여 화장품 원료에 대한 동물실험을 전면 금지했다. 우리나라에서도 2016년 동물실험 화장품의 유통·판매를 금지했다. 매년 '세계 실험동물의 날'이 되면, 생명의 소중함을 일깨우기 위해 동물실험을 하고 있는 의과대학과 연구소 등에서 실험동물을 기리는 자리를 연다. 이 자리에서 읽히는 조문은 대개 다음과 같다.

"오늘 감정과 감각이 있는 생명체로서 동물실험에 희생이 된 실험동물을 위로하는 이 엄숙한 자리에서 이 사람은 모든 실험자와 함께 실험동물의 값비싼 죽음을 슬퍼하며 삼가 영전에 머리 숙여 명복을 비는 바입니다."

인류의 건강과 복지도 중요하지만 동물들의 생명도 소중하다. 동물실험에 대한 윤리적·과학적 기준을 마련해 불필요한 희생을 최대한 줄여야 할 것이다.

   지속가능한 세상에서 동물과 공존한다는 것

실험실의 케이지 안에서 얼굴을 내민 쥐의 모습.

럽연합 내 판매를 금지하고 있습니다. 2018년에는 화장품을 위한 동물실험과, 동물실험을 실시한 화장품 성분의 교역을 전 세계적으로 금지하자는 결의안을 채택했고요. 이를 위해 유럽연합 지도자들은 유엔의 틀 안에서 국제적 연대를 구축하고 협정을 만드는 데 착수하도록 외교적 네트워크를 활용하자고 결의했습니다.

여러분은 동물실험을 어디까지 허용할 수 있다고 생각하나요? 의약품과 화장품을 나눠서 생각할 수도 있고 둘 다 마찬가지라고 생각할 수도 있습니다. 실험을 꼭 해야 하는 분야도 있겠지요. 동물실험은 앞으로도 여러모로 고민이 필요한 문제입니다.

   1 사람을 위해 실험동물이 희생되는 것은 정당한 일일까요?

   2 '세계 실험동물의 날'을 만든 이유는 무엇일까요?

04
공장에서 만들어지는 '고기'

공장식 축산은 최소 비용으로 축산물의 생산량을 최대화하기 위해 동물을 한정된 공간에서 대규모 밀집 사육하는 축산의 형태입니다. 동물 사육 및 축산물 생산 공정이 기계화·자동화되어 있어 공장과 유사하기에 공장식 축산이라고 합니다. 우리나라뿐만 아니라 대부분의 나라에서 공장식 축산 방식을 채택하고 있습니다.

공장식 축산의 맨얼굴

문제는 공장식 축산업을 하다 보면 동물들이 많은 스트레스를 받게 된다는 점입니다. 신체의 지방 균형이 깨지면 면역력이 떨어져 수시로 염증성 질환이 일어나기도 합니다. 이런 문제 때문에 축산업에서는 동물에게 각종 질환을 누그러지게 하는 항생제를 투입합니다. 이때 체내에 내성균이 만들어지기도 합니다. 이는 다시 고기를 섭취하는 사람에게 전달되어 문제를 일으킵니다.

1950년대에 사료 1톤에 항생제 2-3kg을 섞었더니 돼지, 소, 닭의 성장 속도가 50% 증가했습니다. 이후 점차 줄여 나가기는 했지만 여전히 우리나라는 2002년 한해 기준으로 축산물 1톤당 910g의 항생제를 사용하고 있습니다. 이는 전 세계 최고 수준입니다. 2위인 일본보다 2.5배 많고 스웨덴에 비해서는 30배 많은 양입니다. 정부는 2011년부터 항생제 사료를 금지했지만, 수의사의 처방을 통해 항생제 등의 약품을 사용할 수 있는 '수의사 처방제'를 실시하고 있습니다.

동물학자 캐스린 길레스피가 쓴 책《1389번 귀 인식표를 단 암소》에는 공장식 축산업의 대표 격인 미국 낙농업의 실태가 잘 나와 있습니다. 2016년 말, 미국 낙농업자들이 사육하는 소의 마릿수가 930만 마리를 넘었습니다. 그해 미국에서는 젖소 293만 마리와 송아지 50만 1500마리를 각각 일반 소고기와 빌(송아지) 고기 용도로 도살했습니다. 소의 삶은 집약적인 관리와 생식 및 생산 능력에 대한 인위적 조작으로 정리됩니다. 교배와 우유, 정액, 고기 생산을 위해 소의 몸은 성별에 따라 차별적으로 이용됩니다. 암소는 생

 지속가능한 세상에서 동물과 공존한다는 것

귀에 인식표를 단 소.

산력이 저하될 때까지 우유 생산에 이용되다가 대략 세 살에서 일곱 살 무렵에 도살됩니다. 수송아지들은 생후 4개월에서 6개월 무렵에 송아지 고기로 도축됩니다. 원래 자연에서 소의 수명이 20년이 넘는다는 걸 생각하면 얼마나 무참한 상황인지 알 수 있습니다.

어떻게 바꿔 나갈까

영화 〈매트릭스〉를 알고 있나요? 앞서 살펴본 공장식 축산의 모습은 〈매트릭스〉에 나온 인간들의 모습을 떠올리게 합니다. 영화에서는 인공지능 컴퓨터가 인체의 열과 전기 활동을 에너지원으로 사용하기 위해 인류를 공장식 축산업의 소처럼 사육합니다.

달걀 정보를 보며 생각하는 동물 복지

달걀 껍데기를 살펴보면 번호가 찍혀 있다. 이 번호에는 많은 정보가 들어 있다. 맨 앞 네 자리는 산란 일자를 가리키는데, 산란 시점으로부터 36시간 이내 채집한 경우 채집한 날을 산란일로 표시한다. '1124'로 표기되어 있으면, 11월 24일에 산란했다는 뜻이다.

가운데 다섯 자리 숫자는 가축사육업 허가 시 농장별로 부여되는 생산자 고유번호다. 식품안전나라 웹사이트 foodsafetykorea.go.kr에서 농장 정보를 확인할 수 있다.

마지막 한 자리는 달걀을 낳은 닭의 사육환경번호다. 이 숫자가 작을수록 닭이 닭장 안팎을 자유롭게 다닐 수 있는 좋은 환경에서 사육되었음을 의미한다. 사육환경번호는 1부터 4까지인데, 1은 방사 사육, 2는 축사 내 평사(1m²)에서, 3은 개선된 케이지(1개당 11마리)에서, 4는 기존 케이지(1개당 15마리)에서 키웠음을 알려 준다.

숫자가 4번인 달걀은 '배터리 케이지'Battery Cage에서 사육된 닭이 낳은 알이다. 배터리 케이지의 닭은 A4 용지 한 장 크기 정도의 공간에서 몸을 움직이지도 못한 채 알만 낳다 죽는다. 동물 학대에 가깝다고 할 수 있다.

해외에서는 이미 동물을 학대하면서 생산한 상품을 시장에서 퇴출하고 있다. 유럽연합에서는 달걀 껍질에는 물론 포장재에도 사육환경정보를 표시하고, 2012년부터 배터리 케이지 사육을 법으로 금지하고 있다.

지속가능한 세상에서 동물과 공존한다는 것

이를 위해 인공지능 컴퓨터는 인간의 자유를 박탈하고 기억을 입력하여 자신이 사육되는지도 모르고 가상현실에서 살아가게 합니다. 소의 입장에 인간을 대입하니 정말 끔찍한 일이죠?

이런 문제를 해결하기 위해 2장 1절에서 언급한 것처럼 농장 동물복지위원회^{FAWC}에서는 1993년 농장 동물 복지를 위한 다섯 가지 자유를 제시했습니다. 우리나라에서도 '동물복지축산농장인증제도'를 도입했고요. 이는 높은 수준의 동물 복지 기준에 따라 인도적으로 동물을 사육하는 소·돼지·닭·오리 농장 등에 대해 국가가 인증하는 제도입니다. 공장식 축산의 문제점을 개선하는 효과적인 가이드라인인 셈입니다.

마트에서 '동물복지 인증마크'를 보면, 이러한 공장식 축산업의 문제를 떠올려 보세요. 우리의 식탁에 올라오는 소, 닭, 돼지가 어떻게 길러졌는지도 생각해 볼 수 있겠지요. 무조건 육식을 금할 수는 없지만, 우리의 소비를 통해 조금씩 공장식 축산업의 문제를 해결해 갈 수 있지 않을까요?

★ 함께 생각해요!

1 공장식 축산업이 지속되는 이유는 무엇일까요?
2 동물복지축산농장인증제도를 도입한 까닭은 무엇일까요?

05

전염병이 돌면
모두 죽이는 수밖에 없을까?

　　살처분殺處分이란 가축으로부터 감염병이 발생했을 경우 병의 전염을 막기 위해 일정 반경 안에 있는 가축을 모두 도살하는 것을 말합니다. 우리나라에서는 법을 통해 가축전염병이 퍼지는 것을 막는 데 필요하다고 인정되면, 가축전염병에 걸렸거나 걸렸다고 믿을 만한 임상 증상이 있는 가축의 소유자에게 그 가축의 살처분을 명합니다. 또 일부 가축전염병에 대해서는 위와 같은 가축이 있거나 있었던 장소를 중심으로 그 가축전염병이 퍼지거나 퍼질 것으로 우려되는 지역 전체의 가축에 대해서도 살처분을 하도록 합니다.

　　살처분은 경제적인 이유로 생매장을 하는 경우가 많습니다.

　　　　　　　　지속가능한 세상에서 동물과 공존한다는 것

구제역(口蹄疫, foot-and-mouth disease)

소, 돼지, 양, 사슴 등 발굽이 둘로 갈라진 우제류에 속하는 동물에게 퍼지는 감염병. 급성전염병으로 치사율이 5-55%에 달한다. 특별한 치료법이 없고 조직배양 백신을 이용한 예방법이 이용되고 있다.

2011년에는 구제역으로 300만 마리가 넘는 소와 돼지가 생매장되었습니다. 2019년부터 2020년까지 아프리카돼지열병으로 살처분된 돼지는 38만 5040마리였습니다. 2000년부터 2019년까지 20여 년간 구제역으로 살처분된 가축은 총 391만 9763마리입니다.[*] 살처분을 하는 현장을 보면 사람이 동물에게 얼마나 잔인한지 알 수 있습니다. 동물을 생명으로 인정하는 최소한의 조치도 없이 산 채로 땅에 묻는 학살이 이뤄지기 때문입니다.

살처분의 명분과 문제점

이는 인간에게도 해가 됩니다. 먼저 살처분은 그것을 실행하는 담당 공무원에게 고통을 안겨 줍니다. 누가 돼지를 산 채로 구덩이에 묻고 싶겠습니까. 그 끔찍한 경험을 해야 하는 살처분 담당 공

---

[*] "차별 없는 죽음, 무차별 살처분", 〈오마이뉴스〉(2021년 1월 18일).

구제역 확산을 막기 위해 예방적 살처분 조치가 이루어지는 광경.

무원도 피해자입니다. 그나마 2020년부터는 법이 개정되어 살처분 가축의 소유자와 담당 공무원은 심리적·정신적 치료를 받을 수 있게 되었습니다.

이뿐만이 아닙니다. 매몰을 허술하게 할 경우 동물의 바이러스가 토양을 통해 다시 전염될 우려가 있습니다. 그리고 사체가 부패하면서 발생하는 가스나 사체에서 흘러나온 체액 등으로 인해 근처 토양에서 냄새가 나거나 토양이 오염될 수도 있습니다. 2020년 덴마크에서는 밍크를 대량 살처분했는데 사체가 부패하는 과정에서 가스가 발생하면서 사체가 다시 지상으로 나오는 소름 끼치는 광경이 펼쳐지기도 했습니다.

그래서 예방적 살처분은 방역 단계에서도 최후의 수단으로 사용해야 한다는 주장이 많습니다. 개발된 백신은 놔두고 살처분 정책에만 매달리는 경우가 있기 때문입니다. 예방적 살처분이 과연 방역인가라는 질문을 할 수 있습니다. 오히려 대량 사육을 하는 환경을 개선하고 과학적 방역을 도입해야 한다고 주장할 수 있겠죠.

영화 〈감기〉를 보면 인간에 대해 예방적 살처분과 같은 조치를 취하는 장면이 나옵니다. 영화 내용은 이렇습니다. 성남시 분당구에서 치명적 바이러스가 발생해 초당 3.4명이 감염되고, 감염자들은 36시간 내 사망에 이릅니다. 사망자들이 기하급수적으로 늘어나면서 정부는 2차 확산을 방지하기 위해 국가재난사태를 발령하고 급기야 도시 폐쇄를 하게 됩니다. 피할 새도 없이 격리된 사람들은 일대 혼란에 휩싸이고 맙니다.

이처럼 '전염병을 막는 데 효과가 뛰어나다면 사람도 전부 살처분할 것인가?'라는 질문을 던질 수 있습니다. 물론 여러분 중 누군가는 가장 확실한 예방은 살처분이라고 생각할 수도 있습니다. 동물을 죽이지 않고 치료한다면 차후 고기를 판매하고자 할 때 경제적 타격이 클 것이라 생각할 수 있고요. 기술이 좀 더 발전하면 살처분을 하지 않고도 이러한 감염병에 대응할 수 있으리라고 생각할 수도 있습니다.

어떤 방식을 생각해 보더라도 고민이 쉽사리 해결되지 않습니

다. 일단 살처분의 문제점을 명확히 알고, 근본적인 해결 방법과

당장의 문제점을 해결하는 데 머리를 모아야겠습니다.

★ 함께 생각해요!

  1 가축이 전염병에 걸렸을 때, 살처분으로 처리하는 현재의 방식에 대해 찬반
    토론을 해 봅시다.

[5장]

반려동물과의 애착

01

하루 평균 372마리가 버려진다

우리나라에서 반려동물을 키우는 가구는 604만 가구로 전체 가구의 29.7%입니다. 이중 '반려견 가구'가 80.7%로 가장 많고, '반려묘 가구'는 25.7%입니다. 카페·공원·식당 등 장소에 구애받지 않고 어디서나 개와 고양이를 볼 수 있습니다. 이로 인해 반려동물 호텔, 반려동물 유치원과 보험 상품도 생겼습니다.

애완동물이 아닌 반려동물

과거에는 반려동물을 '애완동물'pet animal이라고 불렀습니다. 'pet'이라는 영어 단어는 예쁘고 사랑스러워 즐거움을 위해 (할 수 있을 때까지만) 곁에 두는 존재라는 뜻을 가지고 있습니다. 이 단어를 번역한 '애완'이라는 말도 사랑할 애愛와 희롱할 완玩이 결합된 것으로, 애완동물이라는 말 자체가 '인간이 사랑하고 가지고 노는 동물'이라는 뜻입니다. 앞서 살펴본 동물원의 동물처럼 구경거리 내지 희롱거리로 동물을 바라보는 관점이 들어가 있는 것입니다.

이 애완동물이라는 명칭은 1980년대 와서야 바뀌었습니다. 1983년 오스트리아 빈에서 열린 인간과 동물의 관계를 주제로 한 국제 심포지엄에서 동물학자이자 노벨상 수상자인 콘라트 Z. 로렌츠가 '반려동물'companion animal이라고 부를 것을 제안했습니다. 'companion'은 '동반자'라는 뜻을 가지고 있습니다. 그래서 우리말로도 '짝'이라는 뜻을 가진 반려伴侶라는 단어를 사용하기 시작했습니다. 결혼해서 함께 살아가는 부부를 '인생의 반려자'라고 부르는 것과 같은 의미죠. 과거에 반려동물을 키웠던 것까지 포함하면 국민 중 56.5%가 반려동물을 키운 경험이 있다고 합니다. 이처럼 반려동물은 우리 사회에서 또 다른 '가족'의 형태로 자리 잡은 셈입니다.

실제로 반려동물은 가족과 같이 사람에게 정서적으로 긍정적인 영향을 끼칩니다. 연구자들은 반려동물과의 하루 한 번 눈맞춤만으로도 보호자의 행복도가 상승하고, 동물과 접촉하는 것만으로도 불안감이 감소한다고 합니다. 집을 떠나 있는 대학생들의 향수병에 대한 연구에서도, 동물과 함께 지내는 학생들의 향수병 정

　　　　지속가능한 세상에서 동물과 공존한다는 것

도가 훨씬 낮았습니다. 전쟁에 참여한 뒤 외상 후 스트레스 장애를 겪는 군인들도 반려동물과 함께 활동할수록 우울과 불안이 줄어들었습니다.

유기되는 반려동물

하지만 가족과 같은 반려동물을 버리는 경우도 늘어나고 있습니다. 유기된 반려동물 수는 2017년 10만 2593마리, 2018년 12만

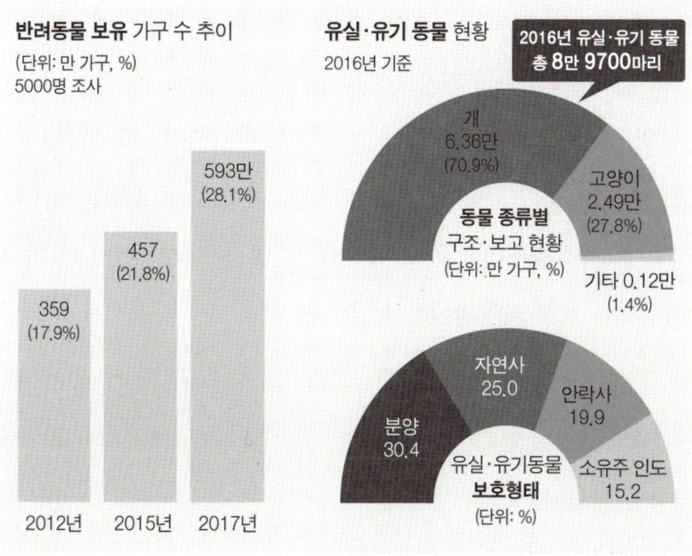

반려동물 보유 가구 수와 유실·유기 동물 현황
자료: 농림축산검역본부

1077마리, 2019년 13만 5791마리로 매년 늘고 있습니다. 하루 평균 372마리가 주인을 잃고 있는 셈입니다.

반려동물을 이렇게 버리는 이유는 여러 가지입니다. 예쁘고 귀엽다는 이유로 입양했다가 싫증이 나서 버리고, 늙고 병들어서 버리고, 치료비가 부담되어 버립니다. 또 휴가철이나 명절 때 멀리 간 김에 반려동물을 버리고 오기도 합니다. 이렇게 유기된 동물들은 지자체 보호센터에 맡겨지곤 합니다. 보호센터에서 입양되는 경우도 있지만, 절반가량이 안락사(21-25%)나 자연사(26-28%)로 죽음을 맞습니다.

여러분은 자녀가 못생겼다고, 마음에 안 든다고, 치료비가 많이 든다고 버릴 수 있나요? 부모님이 나이가 들었다고 버릴 수 있

　　　　　　　　지속가능한 세상에서 동물과 공존한다는 것

나요? 다행히 이제는 예전에 비해 반려동물에 대한 인식이 많이 변화한 듯싶습니다. 하지만 앞서 통계 자료에서도 보았듯 사회적으로 좀 더 폭넓은 논의가 필요합니다. 반려동물의 의미를 함께 생각해 보면 좋겠습니다.

★ 함께 생각해요!

1 애완동물이라고 부르는 것과 반려동물이라고 부르는 것의 차이는 무엇일까요?
2 유기되는 반려동물의 수를 줄이기 위한 방안에는 어떤 것이 있을까요?

02

'강아지 공장'과
'개 도살'에 대하여

'강아지 공장'은 상업적 목적으로 강아지들을 사육하고, 강제 임신·출산을 하게 하는 번식장을 말합니다. 2016년, SBS TV 프로그램 〈동물농장〉에 이러한 강아지 공장의 실태가 방영되어 많은 사람이 충격에 빠졌습니다.

당시 동물보호단체와 시민단체에서 '강아지 공장 철폐를 위한 서명 운동'을 시작해 무려 30만 명 이상의 시민이 서명하였습니다. 동물보호단체에서 조사한 바에 따르면, 당시 강아지 공장은 전국적으로 3천 곳에 달했는데 실제 신고된 곳은 90여 곳 정도에 불과했습니다.

오로지 번식만을 위한 끔찍한 공장

강아지 공장이 대체 어떠했기에 사람들이 그토록 분노했을까요? 강아지 공장에서 어미 개들은 좁은 철창에 평생 갇혀 일 년에도 여러 차례 강제 임신과 번식을 강요당합니다. 배설물을 쉽게 처리하기 위해 좁은 철창을 바닥에서 띄워 설치해 놓은 경우가 많고요. 어미 개들은 이렇게 좁디좁은 철창 안에 갇혀 땅 한번 제대로 밟아 보지 못하고 생을 마감합니다. 또 죽은 개를 방치한 채 어미 개를 같이 키우기도 하고 수의사가 아닌 자가 불법 마약류를 사용해 제왕절개 수술을 하기도 합니다.

겉에서 보기에도 환경이 열악해 보이는 강아지 공장.

이렇게 태어난 강아지들은 어떨까요? 반려동물을 애완용으로 취급하는 애견숍에서는 주로 태어난 지 30~35일 된 강아지를 데려갑니다. 사람들이 작고 귀여운 개만 찾기 때문입니다. 애견숍에서도 팔릴 때까지 데리고 있어야 하기에 작고 어린 개를 선호하는 것이죠. 강아지 공장 농장주들은 몸집이 크거나 외모가 좋지 못한 강아지들에 대해서는 사료 값이 아깝다고 끔찍한 선택을 하기도 합니다.

영국은 2019년부터 생후 6개월이 안 된 개나 고양이는 어미의 사육자가 아니면 판매할 수 없도록 법을 바꿨습니다. 미국 캘리포니아주의 경우 애견숍 등에서는 구조된 유기견만 판매할 수 있습니다. 반면 우리나라 '동물보호법'에 따르면 개나 고양이 75마리당 관리 인력을 1명으로 규정하여 대량 사육을 허용하고 있습니다. 또한 허가를 받지 않고 영업해도 벌금이 500만 원에 불과합니다. 애견숍 등을 차려 반려견을 판매할 때에도 별도의 허가 없이 신고만 해도 되고요. 우리나라 법에서도 생후 60일이 안 된 동물은 판매가 금지돼 있지만, 앞의 사례들처럼 잘 지켜지지 않고 있습니다.

매년 식용으로 100만 마리가 죽는다

강아지 공장에서는 반려 강아지만이 아니라 식용 강아지도 같이 사육합니다. 농장주들은 살코기의 무게를 늘려서 수입을 높이기 위해 토종 황구와 덩치 큰 경비견, 사역견(목축·운반 등을 목적으로 기르는 힘이 세고 근육이 발달한 개), 도사견(투견을 목적으로 불독·불테리어·마스티프 따위 종들 사이의 교미로 생겨난 개) 등을 교배해 더 큰 개를 만들어 냅니다. 이 강아지들은 비정상적으로 급속하게 성장하기에 여러 가지 질병을 앓을 가능성이 높습니다.

현행법상 개는 가축이지만 도살되어 유통되는 개는 가축이 아닙니다. 식품위생법상 식품 원료도 아니고요. 따라서 개고기 판매나 가공, 조리, 운반, 진열을 할 경우 처벌을 받습니다. 하지만 '개 식용' 자체에 대한 금지 조항은 없습니다. 그래서 '보신탕' '영양탕'이라는 이름을 달고 개 식용 식당이 운영되고 있는 것입니다.

이렇다 보니 매년 100만 마리에 가까운 개가 식용으로 죽어갑니다. 또한 앞서 언급한 것처럼 도살과 유통에 대한 기준이 없다 보니 쇠꼬챙이를 통한 전기 도살이나 목을 매달아 죽이는 등 잔인하게 개를 죽이는 경우가 대부분입니다. 전기 도살은 극한의 고통을 주는 잔인한 도살법으로 국제적으로도 찾아볼 수 없는 사례입니다. 우리나라에서도 2020년 개 전기 도살에 관해서 도축업자에게 유죄를 확정한 바 있습니다. 법원은 전기 도살이 개의 고통을 최소화하기 위한 아무런 강구 없이 상당한 고통을 가하는 방식이라고 보았으며, 동물보호법의 입법 목적인 동물의 생명 보호와 안

전 보장을 현저히 침해했다고 보았습니다. 또 동물의 생명 존중 등 국민의 정서 함양과 같은 법익을 실질적으로 침해할 위험성을 가진다고 보았습니다.

세계동물보건기구에 속한 나라들 중 개 식용을 합법화한 나라는 없습니다. 싱가포르와 대만, 홍콩이 개 식용을 금지했고 중국도 2020년부터 개를 가축에서 제외했습니다. 현재 개 식용이 남은 나라는 우리나라 외에 캄보디아와 베트남 정도입니다.

이런 상황에서 문재인 대통령은 2021년 9월, 개 식용 금지를 신중하게 검토할 때가 되었다고 밝혔습니다. 2017년에도 대선 공약으로 개 식용에 대한 단계적 정책 수립과 축소를 제시했었고요. 개 식용에 관해서 오랜 문화라는 점을 들어 금지하면 안 된다는 주장도 많습니다. 어떤 사람 눈에는 개고기 식용이 불쾌하고, 불편하고, 혐오스러운 악습일 수 있지만 다른 취향과 시각을 가진 사람들은 쇠고기나 돼지고기 소비하듯 개고기를 바라볼 뿐이라는 주장입니다. 이런 이들에게 당신의 식습관이 잘못됐으니 스스로 못 끊으면 나라가 법으로 금지하겠다고 압박하는 것이 과연 정당하고 옳은 것인지 문제를 제기하는 것입니다.

어떤가요? 단순하게 결정할 문제는 아니겠지요? 그럼에도 우리가 지금까지 살펴본 문제들의 관점에서 볼 때 어떤 식으로든 앞으로 개고기 식용 문제가 정리될 것으로 생각합니다. 여러분도 아

 지속가능한 세상에서 동물과 공존한다는 것

래 질문을 토대로 한번 생각해 보길 바랍니다.

★ 함께 생각해요!

1 반려동물은 반려인들에게는 정서적 교감을 나누는 가족과 같은 생명체이므로 강아지 공장을 근절하기 위해서라도 개 입양 문화를 만들어 가야 한다는 주장이 있습니다. 이 주장에 대해서 어떻게 생각하나요?

2 개 식용에 대해 '소와 닭 같은 가축과 개를 구별할 필요가 있나' '누군가에게는 가족과 같은 생명체지만 누군가에게는 식용 대상이 되는 가축이지 않나'라는 주장이 있습니다. 이에 대한 생각을 나눠 봅시다.

03
화풀이나 재미로 동물을 학대한다고?

2021년 1월, '고어전문방'이라고 불리는 오픈 카카오톡 채팅방에서 길고양이, 너구리, 고라니 등을 고문하고 살해하는 등의 학대 영상과 사진을 공유한다는 사실이 세상에 알려졌습니다. 미성년자를 포함해 80여 명이 참여한 것으로 밝혀져 더욱 공분을 샀지요. 그런데 이들은 동물 학대 의혹이 제기된 이후에도 채팅방에서 "처벌 안 받을 거 아니 짜릿하네요" 따위의 대화를 주고받았다고 합니다.

'고어전문방'에 대한 27만 명의 국민청원

이로 인해 해당 채팅방 참여자에 대해 엄벌을 촉구하는 청와대 국민청원에 27만 명이 뜻을 같이했습니다. 당시 올라온 글을 같이 살펴볼까요?

고양이를 잔혹하게 학대하고 먹는 단체 오픈 카톡방 '*****'을 수사하고 처벌하여 주십시오.

카톡 오픈 채팅방에 개설된 '*****'입니다.
그곳에는 악마들이 있었습니다.
길고양이 울음소리가 싫다는 이유로
활로 쏴 죽이고 두개골을 부수고 집에 가져와 전시하여
사진 찍어 자랑하고 그것이 즐겁다며 카톡에서 낄낄대는 악마들.
현재를 치열하게 살아가는 가엾은 길고양이들에게
이렇게 하는 게 사람이 할 짓인가요?
제발 이런 악마들을 사회와 격리시켜 주십시오.
카톡방에 공유된 동영상 중 하나는
통덫에 걸린 검은 고양이에게 휘발유를 부어

불로 태워 죽이며 킬킬대며 우스워 죽겠다는 역겨운 목소리
가 나왔습니다.

제발 제대로 처벌하여 주십시오. 우리는 더 이상 후진국이
아닙니다.

왜 이렇게 간단한 동물보호법 강화조차도 못하는 겁니까.

우리 배부르고 등 따숩다고 길거리에 내몰린 가엾은 생명들
을 외면하지 말아 주십시오.

제발 부탁드립니다.

동물보호법 제8조에 규정된 동물 학대 행위

이처럼 동물에게 화풀이나 재미 등의 이유로 고통을 가하는 경
우를 동물 학대라고 합니다. 사람들이 야생동물로부터 스스로를
방어하거나 살아남기 위해 동물에게 위협을 가하는 경우는 포함
되지 않습니다. 동물보호법 제8조에서는 다음과 같은 행위를 동물
학대로 규정하고 금지하고 있습니다.

1. 목을 매다는 등의 잔인한 방법으로 죽음에 이르게 하는
   행위.

2. 노상 등 공개된 장소에서 죽이거나 같은 종류의 다른 동물이 보는 앞에서 죽음에 이르게 하는 행위.

3. 고의로 사료 또는 물을 주지 아니하는 행위로 인하여 동물을 죽음에 이르게 하는 행위.

4. 그 밖에 수의학적 처치의 필요, 동물로 인한 사람의 생명·신체·재산의 피해 등 농림축산식품부령으로 정하는 정당한 사유 없이 죽음에 이르게 하는 행위.

동물보호법 위반 혐의로 검거된 인원은 2010년 78명에서 매년 꾸준히 늘어 2020년 1,014명이 되었습니다. 현재 동물 학대 행위에 대해서는 2년 이하의 징역 또는 2천만 원 이하의 벌금형에 처할 수 있습니다. 그렇지만 여전히 동물 학대에 대한 형벌은 다른 사람의 물건을 훼손한 경우보다 약합니다. 재물 손괴에 대해 3년 이하의 징역 또는 700만 원 이하의 벌금에 처하기 때문입니다. 또한 실제로 처벌된 사례도 여전히 적습니다. 경찰에 붙잡힌 이들 중 실제로 구속된 인원이 11년간 다섯 명에 불과합니다.

동물에 대한 폭력은 사람에 대한 폭력과도 연관된다는 연구 결과가 국제적으로 많이 보고되고 있습니다. 영국에서는 가정폭력 발생 시 동물 학대 여부를 꼭 조사하도록 하고 있고요.

이전부터 사람들이 동물을 죽이거나 학대하는 행위가 종종 드러나고는 했습니다. 앞서 살펴보았듯 '애완동물'에서 '반려동물'이라는 의미 변화에서부터 사람들의 인식이 변화했고, 나아가 이제 동물을 학대하는 행위가 심각한 범죄라는 것에 대한 공감이 일어나고 있습니다. 처벌을 강화하든, 사회적으로 강력한 인식 변화를 일으키든, 동물 학대에 관해서는 좀 더 강력한 대책을 만들 필요가 있습니다.

★ 함께 생각해요!

1 동물 학대를 줄이기 위해서라도 현재의 형벌보다 더욱 엄벌에 처하도록 해야 할까요? 혹은 사람에 대한 폭력과는 다르기에 현재처럼 다른 사람의 물건을 훼손한 경우보다 낮은 게 맞을까요?
2 동물 학대를 금지하기 위한 캠페인 문구를 생각해 봅시다.

04

반려동물에게도 건강보험이 필요할까?

반려동물을 키우다 보면 의료비가 많이 들어갑니다. 강아지 예방접종은 1차부터 5차까지 대략 20만 원 정도 들어가고, 고양이 예방접종은 1회당 3-4만 원으로 1년생 이하는 3주 간격으로 3회 접종이 권장되고, 어른 고양이는 1년마다 추가 접종을 권한다고 합니다. 또 번식을 막기 위해 중성화 수술도 필요하고요. 중성화 수술을 하는 이유는 생식에 대한 욕구를 강제로 참게 하거나 교배와 출산을 반복하게 할 수 없기 때문이에요. 반려견 중성화 수술비는 암컷이 30-40만 원 정도, 수컷은 15-20만 원 정도입니다.

공적 건강보험의 사각지대

그런데 사람과 달리 동물 의료는 공적 건강보험 혜택을 받을 수 없습니다. 국민건강보험이라는 말을 들어보았지요? 국민 모두 평소에 보험료를 내고 국민건강보험공단이 이를 관리·운영하여 필요할 때 의료비를 지원해 주는 시스템입니다. 질병이나 부상으로 인해 발생한 고액의 진료비 부담을 덜어 주기 위한 것이지요. 국민 상호 간 위험을 분담하고 필요한 의료 서비스를 받을 수 있도록 하는 사회보장입니다.

그런데 동물 의료의 경우 이러한 공적 건강보험 혜택이 없을 뿐 아니라 동물병원이 의료비가 천차만별입니다. 인건비나 약품비, 임대료 등을 고려해 동물병원이 자율적으로 책정하도록 했기 때문이죠. 이로 인해 반려인들이 피해를 보는 경우도 생깁니다.

한국소비자연맹이 2019년에 조사해 보니 진료비를 게시한 곳은 18%에 불과했고, 병원별 가격 편차는 최대 80배까지 났습니다. '동물병원 진료비에 부담을 느낀다'고 한 이들이 약 85%였으며, 동물병원 진료비로 1회 평균 7만 4700원을 쓴다고 했습니다. 진료비 항목과 처치 내용에 대해 '영수증으로 상세하게 제공받기를 원한다'고 답했지만 상세 영수증을 받는 경우는 25%에 불과한 것으로 집계되었고요.

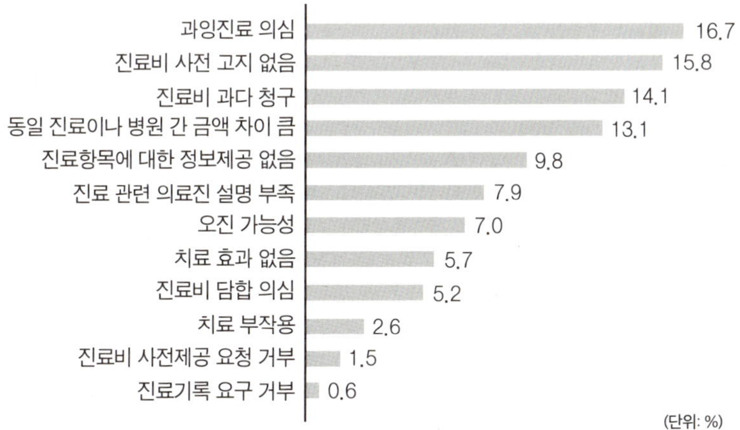

또 사람의 경우에는 수술 등 중대한 진료에 대해서는 사전에 충분한 설명을 하고 동의를 받는 데 반해 동물의 경우에는 그런 의무가 정해져 있지 않습니다. 이로 인해 반려인에게 사전에 설명 없이 수술을 진행한 후 수백만 원의 진료비를 청구하는 경우도 있다고 합니다.

반려동물 진료보험 법안

이러한 문제를 개선하기 위해 현재 '반려동물 진료보험 법안'이 논의되고 있습니다. 법안에서 보험 가입 반려인은 다섯 가지 기초 진료를 보장받을 수 있도록 하고 있습니다. 보장 내용은 예방접종, 구충제, 건강검진, 중성화 수술, 기타 농림축산부 장관이 정하는 진료 등입니다. 반려인의 보험 가입비 중 30%는 정부·지자체가 지원하고, 기초생활수급자나 차상위계층, 반려동물이 필요한 장애인에게는 추가의 지원을 받을 수 있도록 하고요.

현재 서울시와 경기도 남양주시 등 일부 지역에서는 반려견 보험 가입 등을 지원하고 있으며, 반려동물 보험에 관해서는 앞으로도 논의가 계속될 것으로 보입니다.

★ 함께 생각해요!

1 반려동물 진료에 세금을 써야 하냐고 반문할 수도 있습니다. 또 누군가는 반

     지속가능한 세상에서 동물과 공존한다는 것

려동물을 키우는 가구가 600만 가구에 이른 만큼 국민 대부분의 문제라고 생
각할 수 있고요. 여러분 생각은 어떠세요?

2 동물을 보호하기 위해 세금을 쓴다고 할 때 반려동물 진료 외에 또 어느 분야
에 써야 할까요? 항목을 떠올려 보고 우선순위를 매겨 보세요.

05

노숙인이나 가난한 이들과 함께하는 반려동물

2019년에 서울시에서는 가난한 이들이 키우는 반려동물 실태를 조사했습니다. 조사 결과 가난한 이들에게 반려동물은 삶의 만족도(86.3%), 긍정적 사고(86.8%), 스트레스 감소(83%), 대화 증가(75.2%) 등 긍정적 영향을 미치고 있는 것으로 나타났습니다.

한편 이들은 어려운 상황 속에서도 반려동물을 돌보기 위해 생활비를 줄이거나 돈을 빌리고 있었습니다. 서울시에서는 이들을 돕기 위해 동물병원을 지정해 진찰료(1회당 5천 원, 최대 1만 원)만 부담하면 필수 의료를 제공받을 수 있도록 했습니다.

지속가능한 세상에서 동물과 공존한다는 것

가난한 이들의 반려동물을 돕는 사람들

2020년에 돈이 없어 동물병원을 찾지 못하는 노숙자들을 위해 직접 거리로 나선 미국의 수의사 스튜어트 콴 박사^{Dr. Stewart Kwane}의 사연이 소개되었습니다. 미국에는 길거리나 공원, 차 등에서 생활하는 노숙자가 50만 명이 넘습니다. 이들 중에는 반려동물과 함께 사는 이들도 많고요. 콴 박사는 2011년부터 사회 변두리에 남겨진 노숙자들을 돕기 시작했습니다. 자신의 돈으로 노숙인들의 반려동물의 약값과 식료품값을 지불했고, 항상 의료 가방을 들고 다니며 도움이 필요한 노숙인들을 도왔습니다. 또 노숙인들의 반려동물 중 고액의 의료비가 필요한 경우를 위해 '고펀드미'^{GoFundMe}라는 기부 모금 페이지를 운영하고 있습니다.

영국의 비영리단체인 '거리의 수의사'도 노숙인과 함께 길에서 생활하는 반려동물을 돕고 있습니다. 이 단체에서는 반려동물의 건강을 관리해 주고 노숙인들이 반려동물을 잘 살피고 책임을 다할 수 있도록 교육합니다.

거꾸로 청년 노숙인에게 유기 동물을 보호하는 센터에서 직업 훈련을 받도록 하여 이들의 상처를 치유하는 동시에 새로운 출발을 하도록 도와주는 사회적기업도 있습니다. 미국 내슈빌 지역의 '크로스로드 캠퍼스'^{Crossroads Campus}는 노숙 중이거나 노숙할 위험에 처한 17-25세 사이의 젊은이들에게 버려진 동물을 보살피도록 하면서, 이를 통해 그들의 삶을 바꾸고 있습니다.

노숙인이 반려견을 키우는 것이 동물 학대일까?

반대의 경우도 있습니다. 노숙인이 반려견을 제대로 키우지 못할 거라고 선입견을 갖는 경우겠죠. 2015년 프랑스에서는 '코즈아니말노르'라는 동물 단체 회원이 장애가 있는 노숙인이 반려견을 키우는 것은 '동물 학대'라며, 강아지를 강제로 빼앗아 입양을 보내려 한 일이 있었습니다. 프랑스 경찰에서는 이 단체에 폭행·절도 혐의를 들어 수사를 진행했고, 결국 강아지를 돌려주는 것으로 합의해 강아지는 주인에게 돌아갈 수 있었습니다.

당시 프랑스에서는 24만 명이 이 사건을 조사해 달라는 청원서에 서명했다고 합니다. 동물 단체 회원 일부의 일탈일 수도 있었겠지만, 그 이면에 노숙인에 대한 편견이 있었겠지요. 반려동물을 키우는 데 많은 돈이 드니 가난한 이들이 제대로 돌보지 못할 거라 생각했을 수도 있습니다. 하지만 오히려 노숙인이 따뜻한 마음으로 반려동물과 교류하며 구걸 등을 통해 반려동물에게 적절한 먹을거리를 제공할 수도 있습니다. 돈이 많아도 반려동물을 방치하거나 학대하는 경우도 있을 테고요. 이렇게 반려동물과 관련해 많은 쟁점이 있습니다.

★ 함께 생각해요!

1 노숙인이나 가난한 이들이 자신의 경제적 처지를 고려하지 못하고 반려동물을 키우는 것이 문제라고 생각하나요? 앞서 소개한, 자신의 능력 이상의 과도한 마릿수의 동물을 키우면서 적절한 보살핌을 제공하지 못하고 방치하는 '애니멀 호딩'처럼 말이죠. 아니면 이들 역시 반려동물과의 교감을 통해 행복감을 더 느낄 수 있도록 사회가 이들을 더 지원해 줘야 한다고 생각하나요?

2 프랑스에서 노숙인의 반려견을 강제로 빼앗아 입양을 보내려 했던 사건을 어떻게 생각하나요? 그들의 행동을 정당화할 수 있을까요?

[6장]
야생동물과의 연결

01
전 세계 야생동물을 보호하는 법

개나 고양이 같은 반려동물이 아니라 특별한 동물을 키운다면서 인스타그램 등 소셜네트워크서비스SNS에 자랑을 하는 경우가 있습니다. 쉽게 접하기 어려운 야생동물을 반려동물로 키우는 경우죠. 이렇게 반려동물로 분양되는 야생동물은 수천 킬로미터 떨어진 먼 곳에서 험난하고 고통스러운 과정을 거쳐 판매지로 오게 됩니다. 이후 인터넷 쇼핑몰이나 SNS 등 다양한 경로를 통해 일반 물품과 똑같이 거래되지요.

야생동물들은 자신의 삶터에서 가족과 생이별하고 낯선 곳으로 팔려 오는 과정에서 목숨을 잃는 경우도 많고, 분양 이후 인공 환경에 적응하지 못하고 병들어 죽는 경우도 많습니다. 귀하고 흔하지 않은 야생동물에 대한 수요가 많아지면서 멸종 위기에 처한 동물도 많아지고 있습니다. 개인뿐만 아니라 사설 동물원 등에서 마구잡이로 야생동물을 사냥하여 판매하는 일이 많기 때문입니다. 연간 수십억 달러에 이르는 국제 야생 동식물 교역은 개체 수 감소를 넘어 멸종이라는 심각한 상황으로 치닫고 있습니다.

멸종 위기의 동식물 교역에 관한 국제 협약

동식물 보호 단체인 '생물다양성을 위한 센터'는 2050년이면 지금의 지구 동식물 중 30-50%가 사라질 것이라고 경고했습니다. 이런 상황을 일찍이 예상하여 야생동물을 보호하고 종의 멸종 위협을 막기 위해 국제 교역을 제한하는 국제 협정을 제정했는데, 바로 멸종 위기 동식물 교역에 관한 국제 협약 '사이테스'CITES입니다.

사이테스 협약 마크는 멸종 위기를 맞고 있는 코끼리를 형상화했습니다. 인간들이 상아 등을 얻기 위해 코끼리 사냥을 하면서 위기를 맞은 코끼리처럼, 국제적으로 거래를 금지해야 할 정도로 보호가 필요한 동식물이 많습니다. 대표적으로 멸종 위기에 처한 종들을 꼽을 수 있겠지요. 무분별한 포획이나 채취 또는 거래 등으로부터 이런 종들을 보호하기 위해 사이테스 협약이 만들어졌습니다. 현재 이 협약 가입국은 180여 개국이며, 우리나라는 1993년에

사이테스 협약 마크.

가입했습니다.

협약에 가입한 국가들은 멸종에 놓였다고 합의된 종들의 상업적 국제 무역을 금지하고, 멸종되어 가고 있다고 생각되는 다른 종들의 무역을 규제·감시합니다. 사이테스 협약에는 동물 5천여 종과 식물 2만 8천여 종이 등록돼 있습니다. 코뿔소나 코끼리 같은 대형동물부터 동물원에서 인기가 높은 호랑이, 고릴라, 레서판다, 지능이 높고 사람 말을 곧잘 따라 하는 회색앵무 등등 위기에 처한 동식물들입니다.

국립생태원 사이테스 동물 보호시설

밀수나 밀거래되는 국제적 멸종 위기 동물(사이테스 동물)을 보호하기 위한 국가 시설로 2021년에 개관했다. 포유류, 조류, 양서·파충류 등 최대 총 140여 종 580여 마리를 수용할 수 있다. 사이테스 동물은 주요 질병에 대한 검역 검사 후 보호시설로 들어가 건강 관리 및 동물 복지 프로그램 등을 통한 보호를 받는다.

멸종위기종을 키우고 싶다고요?

야생 동식물 거래는 상당히 이익이 많이 남는 사업입니다. 전 세계적으로 수많은 동식물이 매년 애완동물과 관상용 식물의 수요를 충족시키기 위해 비밀리에 거래되고 있습니다. 멸종위기종으로 만든 모피, 가죽, 목재, 침향 따위도 교역을 통해 많이 거래되고 있고요.

사이테스 협약에서는 불법 거래를 막기 위해 180여 회원국에 생존을 위협하지 않는 경우에만 특정한 종의 수출입 거래를 허가하고 있습니다. 동식물 수출 국가는 특정한 종의 수출이 국내법에 저촉되지 않는 경우 동식물을 학대하지 않는 방법으로 운반할 수 있습니다. 수입 국가에서는 이를 상업적 목적으로 이용하지 않아야 하고, 적합한 생활 환경을 보장해 주어야 합니다. 각 국가는 이 협약 규정을 시행하기 위해 적절한 조치를 취해야 하며, 위반 행위가 있을 시에는 제재를 가하고 대상 동식물을 압수 또는 송환해야 합니다.

개인도 마찬가지입니다. 특정한 종을 키우고 싶어서 양도받거나 수입하려는 경우에는 먼저 해당 종이 거래가 가능한 종인지부터 확인해야 합니다. 단순히 호기심으로 멸종 위기의 거래 금지 종을 거래하고 키우는 일은 명백한 불법이며, 발각되면 해당 개체는 곧바로 몰수 처리됩니다. 이런 조치가 이뤄지는 까닭은 멸종 위기 야생동물을 보호하고 생태계를 살리기 위해서입니다.

야생동물의 멸종은 생태계 전체에 심각한 영향을 줍니다. 야생동물의 멸종 위기를 만들고 있는 사람 역시 그 영향에서 자유롭지 못합니다. 야생동물을 살리는 길이 바로 사람과 지구를 살리는 길이라는 점을 함께 생각해 보면 좋겠습니다.

★ 함께 생각해요!

1 사이테스 협약을 만든 까닭은 무엇일까요?
2 야생동물을 살리는 길이 왜 사람과 지구를 살리는 길일까요?

02
생태통로와
교통안전표지판의 유익

경제가 성장하고 기술이 발전하면서 새롭게 설치되는 도로가 늘어나고 있습니다. 자동차 도로뿐만 아니라 고속열차 등을 이용해 전국 어디든 편리하게 갈 수 있는 환경이 만들어졌습니다. 여러분도 여러 교통수단을 큰 불편함 없이 이용하고 있으리라 생각합니다.

하지만 이런 편리함 뒤에는 안타까운 사연이 있답니다. 바로 찻길 동물 사고가 많아진 것입니다. 사람들이 도로를 건설하는 과정에서 수많은 동물이 삶터를 잃어버리고 심지어 목숨을 잃기도 합니다. 다음 그림(179쪽)과 같은 표지판을 도로에서 간혹 보았을 것입니다. 야생동물이 나올 수 있으니 주의하라는 표지판이죠.

 지속가능한 세상에서 동물과 공존한다는 것

야생동물보호 교통안전표지판.

또 도로가 생기면 야생동물들이 사는 서식지가 도로를 경계로 나뉘기도 합니다. 도로에 의해 나뉜 서식지는 동물들의 삶을 위협하며 생태계 전반의 균형을 무너뜨릴 수 있습니다. 새로 생긴 도로는 야생동물들에게 무서운 장벽으로 작용하면서 살아가기 힘든 환경을 만듭니다. 무엇보다 삶터 공간이 필요한 야생동물들은 공간 이동이 자유롭지 못하게 되어 고립되거나 또는 위험을 무릅쓰고 길을 건너다 사고를 당하기도 합니다.

이런 점들을 고려해 최근에는 생태통로를 만들고 있습니다. 야생동물들의 이동이 막혀 자칫 야생동물들이 절멸하는 상황에 이를 수 있기 때문입니다. 지속적으로 이동하면서 살아가는 야생동물들을 위한 생태통로(생태이동통로, 야생동물이동통로)가 현재까지 우리나라에 532개소(생태통로 지도 서비스 확인 개수) 정도 만들어졌습니다. 더불어 위험한 도로 대신 생태통로를 이용할 수 있도록 도로에는 일체형 유도 울타리를 두어 야생동물의 안전한 이동을 유

생태통로.

도합니다.

생태통로는 도로나 철도 건설로 인해 끊어진 생태계를 연결하고 야생동물의 이동을 돕기 위해 육교 형태나 터널 형태 등으로 다양하게 만들어집니다. 사람들의 편리를 위해 생태계를 끊어 놓아서는 안 되기 때문입니다.

로드킬, 함께 줄여 나가야

간혹 도로에서 끔찍한 장면을 목격한 적 있나요? 동물들의 사

   지속가능한 세상에서 동물과 공존한다는 것

체를 보게 되는 경우가 있지요. 흔
히 로드킬road kill이라고 하는데, 앞
서 살펴본 생태통로가 없는 경우
동물들이 삶터에서 이동하다 차
에 치여 죽음을 맞게 된 경우입니
다. 전 세계적으로 고속도로나 국
도에서 동물들이 차에 치여 목숨
을 잃는 사례가 빈번하게 일어나
고 있습니다. 최근에는 도심의 찻

로드킬 주의 표지판.

길이나 골목길 등에서도 길고양이들의 로드킬이 많아지고 있지요. 실제로 로드킬 사례가 증가 추세에 있습니다.

우리나라의 경우 일반 국도에서 발생한 로드킬이 2017년 1만 5221마리에서 2019년 1만 7502마리로 증가했습니다. 로드킬은 길고양이를 비롯한 동물뿐만 아니라 어린이나 노인 등 교통 약자와 운전자의 안전까지 위협합니다.

이런 문제를 해결하기 위해 민간 동물보호 단체 '좋은냥이좋은 사람들'(조원냥이)에서는 길고양이 로드킬 예방에 시민들이 자발적으로 참여하고 동물보호 사각지대를 해소하기 위해 '인식 개선 홍보물 스티커'를 제안하기도 했습니다. 경기도는 이 제안을 정책으로 받아들여 스티커를 제작해 경기도 지역과 동물보호 단체 등에

배포하고 도로 전광판 등을 통해 안전과 동물 보호 캠페인을 열어 가고 있답니다.

새롭게 마련된 스티커와 안전 표지물 등은 도심 내에서 사람과 동물의 사고를 예방하는 데 도움이 될 것입니다. 사람과 동물의 공존이 왜 중요한지 이런 유쾌한 시도를 통해 함께 생각해 보면 좋겠습니다.

★ 함께 생각해요!

1 로드킬 사고가 많이 일어나는 까닭은 무엇일까요?
2 동물들의 도로 안전이 사람들에게도 도움이 되는 까닭은 무엇 때문일까요?

                          지속가능한 세상에서 동물과 공존한다는 것

03

고래 사냥과 고래 고기

고래는 아주 먼 옛날부터 인류와 함께해 왔습니다. 반구대 암각화는 아주 먼 옛날 한반도에서도 고래 사냥을 했다는 역사적 기록으로 현재 울산 지역에 남아 있습니다. 오랜 옛날부터 사람들은 고기나 기름을 얻기 위해 고래를 사냥해 왔습니다.

하지만 20세기 들어 세계 여러 나라에서 고래를 마구 사냥한 탓에 고래 개체 수가 급격히 줄어들어 1986년 국제포경위원회^{IWC}는 상업적 목적에 따른 고래잡이를 금지했습니다. 실제로 고래는 사냥으로 인해 멸종 위기에 처했습니다. 세계자연보호기금^{WWF}이 정한 멸종위기종인 북대서양참고래는 300마리, 세계자연보전연맹^{IUCN}이 정한 멸종위기종인 북방긴수염고래는 250여 마리만 남아 있을 정도입니다.

고래를 보호해야 하는 이유

해양 생태계 먹이사슬의 정점을 차지하고 있는 고래는 해양을 유지하는 중요한 역할을 합니다. 고래가 쏟아내는 엄청난 양의 배설물은 바다와 생물들에게 인, 질소, 철분 등 풍부한 영양분을 제공하고요. 또 고래는 숨진 후에도 몸에서 나오는 유기물들로 생물들에게 영양분을 주는가 하면, 고래 뼈는 다른 생물들의 서식지가 되기도 합니다. 그리고 고래는 지구온난화와 기후위기를 저지하거나 낮춰 주는 역할을 하고 있답니다. 고래 한 마리가 평생 평균 33톤가량의 이산화탄소를 흡수하는데, 국제통화기금IMF은 이 가치를 200만 달러 이상으로 여깁니다. 현재 바다에 생존하는 고래 전체의 가치가 1조 달러 이상으로 추정되고 있는 것이지요. 산소를 생산하는 식물성 플랑크톤의 성장을 돕는 생명체인 고래가 멸종하거나 개체 수가 줄어들면 해양 생태계 파괴와 지구온난화를 더욱 부채질할 수도 있습니다.

우리가 고래를 보호해야 할 이유가 단지 멸종위기종이기 때문이라는 도덕적 가치에만 있는 것은 아닙니다. 지구온난화로 인한 기후변화와 위기를 저지해 미래 세대의 생존에 기여하고, 인간이

인류는 오래전부터 고래를 잡아 왔다.

다른 생명체와 지구에서 공존하기 위해 고래 역시 멸종되어서는 안 되는 생명체이기 때문입니다.

이미 해양 생태계는 쓰레기로 몸살을 앓고 있지요. 쓰레기가 너무 많아서 고래 등 해양 동물의 생존에 상당한 위협이 되는 상황입니다. 결국 고래가 바다에서 사라진다면, 그 바다가 여전히 인간에게 유용한 공간일지 의문입니다. 무엇보다 고래가 지구에서 사라진다면 인간 역시 지구에서 사라지지 않는다는 보장을 할 수 없다는 점을 되새겨 보아야 합니다. 1986년 국제포경위원회에서 고래 사냥을 금지한 까닭도 여기에 있겠지요.

고래 고기를 먹어야 할까?

상업적인 고래 사냥을 금지한 1986년 이후에도 왜 고래 고기는 널리 팔리고 있는 것일까요? 아직도 고래 고기의 유통은 합법이라 울산 장생포 등 일부 지역에는 고래 고기를 취급하는 식당이 남아 있습니다. 쳐 놓은 그물에 고래가 걸리는 '혼획'混獲을 기대하는 경향도 있고요.

밍크고래 사체가 그물에 걸리고, 이를 불법으로 사냥한 것이 아니라면 경매에서 수천만 원에 거래가 된답니다. 그래서 밍크고래 사체가 발견되면 고래가 죽은 원인을 찾기보다는 고래의 판매 가격만 언론에서 선정적으로 보도하고는 합니다. 이런 가운데 혼획을 가장한 불법 고래 사냥도 일어나고 있고요.

그래서 현재처럼 밍크고래 사체의 유통을 허용하는 '고래 자원의 보존과 관리에 관한 고시'를 폐기하고 모든 고래류를 보호종으로 지정해야 한다는 의견이 많아지고 있습니다. 그물에 걸린 고래의 유통을 막으면 고래를 좀 더 보호할 수 있다는 주장입니다. 이에 반해 고래 고기를 먹는 것은 전통문화라는 주장도 있지요. 양측이 팽팽히 맞서고 있습니다.

앞서 개 식용 문제에서도 살펴보았지만, 문화와 보호가 충돌하는 지점에서 과연 어떻게 하는 것이 좋을지 생각이 깊어집니다. 모

　　　　지속가능한 세상에서 동물과 공존한다는 것

두 함께 고민할 문제죠.

　1 고래 고기를 먹는 것에 대해 찬반 토론을 해 봅시다.

　2 세계 여러 나라에서 고래 사냥을 금지한 이유는 무엇 때문일까요?

04
돌고래 쇼를 금지합시다!

돌고래 공연과 체험은 동물원과 공연장, 수족관 등에서 큰 인기를 끌었답니다. 돌고래들이 보여 주는 공연이 멋지고 신기하기 때문입니다. 심지어 돌고래와 수영하기를 비롯해 입맞춤하기 등등 다채로운 프로그램이 마련되기도 했습니다.

하지만 이런 공연과 체험을 중단하자는 새로운 움직임이 펼쳐지고 있습니다. 돌고래 공연을 중단하고, 동물원과 공연장 및 수족관에 있는 돌고래들을 원래 살던 바다로 돌려보내자는 것입니다. 실제로 서울대공원에서는 공연장 돌고래들을 고향 제주 앞바다로 돌려보냈습니다. 바다로 돌아간 제돌이와 친구들은 현재 건강한 모습으로 제주 앞바다에서 지내고 있습니다.

 지속가능한 세상에서 동물과 공존한다는 것

수족관 속 돌고래

서울대공원의 돌고래들은 고향으로 돌아갔지만, 여전히 고래 20여 마리는 우리나라 여섯 개 시설의 좁은 수조에 갇혀 있답니다. 사실 돌고래는 사람처럼 가족으로 이뤄진 한 무리 안에서 평생 살아가는 동물입니다. 하지만 동물원이나 공연장, 수족관 등에 전시되는 돌고래는 어린 나이에 가족과 강제로 떨어져 잡혀 오게 됩니다. 어릴 때 잡아 와야 훈련을 시켜 공연에 내보낼 수 있기 때문이지요. 잡혀 오는 과정에서 극심한 스트레스를 받고, 또 드넓은 바다가 아닌 비좁은 수족관에 갇혀 공연을 준비하면서 돌고래는 원래 수명의 3분의 1도 채우지 못한 채 죽는 경우가 많습니다.

이런 상황에서 돌고래와 어린이 관람객의 체험은 대단히 위험합니다. 자신이 살던 환경과 맞지 않아 수족관에서 극심한 스트레스를 받고 있는 돌고래가 관람객이 만지거나 특정 행동을 지시하게 되면 공격성을 드러낼 수도 있기 때문입니다. 실제로 해외 돌고래 체험에서 이미 인명 피해가 많이 발생한 상태입니다. 1960년대부터 120여 건이 넘는 인명 피해가 꾸준히 발생했거든요.

또한 돌고래 수조는 면역력이 약한 어린이나 어른에게 위험합니다. 돌고래 배설물과 분수공에 인체에 감염될 가능성이 있는 박테리아와 미생물이 많기 때문입니다. 미국해양위원회 U.S. Marine Com-

^{mission}에서는 인간이 돌고래와 같은 해양 포유동물과 접촉했을 때 감염병에 걸릴 위험이 있다고 경고했습니다. 이런 이유로 전 세계에서 동물 쇼 자체를 금지하려는 움직임이 많이 일어나고 있습니다. 다음 사례를 볼까요?

프랑스, 동물 쇼 금지하는 법 통과

프랑스가 야생동물을 이용한 서커스와 수족관의 돌고래 쇼를 금지할 전망이다. 동물 학대 처벌을 대폭 강화하고 새끼 고양이, 강아지 등 어린 동물들의 펫숍 거래도 제한한다.

아에프페^{AFP} 통신 등에 따르면, 프랑스 상원은 2021년 11월, 살아 있는 야생동물 공연을 금지하고 밍크 농장을 금지하는 내용의 동물 학대 근절 법안을 표결했다. 법안은 찬성 332표, 반대 1표, 기권 10표로 압도적인 찬성으로 통과됐으며 마크롱 대통령의 서명 절차만 거치면 발효된다.

이 법안은 향후 2년 안에 사자, 호랑이, 곰 등 야생동물의 공연을 금지시키고 7년 뒤에는 소유도 제한하는 내용을 골자로 한다. 현재 운영 중인 수족관의 돌고래 쇼는 5년 안에 금지되고 프랑스에 마지막 남은 밍크 농장도 운영이 종료된다.

동물 쇼 금지뿐 아니라 동물 학대 방지와 반려동물 판매를 제한하는 내용도 포함됐다. 동물을 학대할 경우에는 최

 지속가능한 세상에서 동물과 공존한다는 것

대 5년의 징역과 7만 5천 유로(1억여 원)의 벌금이 부과되며 2024년 1월 1일부터는 펫숍 진열장에서 새끼 고양이, 강아지 등의 어린 동물을 전시·판매하는 것이 금지된다. 또한 입양자들의 충동적인 구매를 막기 위해 반려동물을 입양하기 전 일주일 간의 숙려 기간을 거치도록 했다.

프랑스 의회는 지난해부터 동물권 강화를 요지로 하는 이 법안을 준비해 온 것으로 알려졌다. 여론조사에 따르면 프랑스인 대다수가 야생동물 서커스 금지를 지지하고 있으며, 이미 프랑스 전역에서는 이를 금지하고 있다. 프랑스의 동물 쇼 금지는 유럽연합의 다른 국가들에 비해서는 뒤처진 조치라는 평가를 받는다. 이미 유럽 내 20개 국가에서는 동물 공연을 금지하거나 엄격하게 제한하고 있기 때문이다. 이번 법안의 통과는 최근 프랑스 내에서 벌어졌던 몇몇 사건들이 동기가 됐다고 알려졌다. 2019년 '미샤'라는 이름의 서커스 곰이 병약한 상태로 구조된 사건과 2017년 서커스에 동원됐던 암컷 호랑이가 우리를 탈출해 파리 시내를 배회하다 총살된 일 등이 동물 쇼 금지 조치에 힘을 보탠 것이다.

_"프랑스, 동물 쇼 금지하는 법 통과… 투우·푸아그라 농장은 제외", 〈한겨레〉(2021년 11월 19일).

돌고래에게 행복을

　돌고래 공연과 체험의 어두운 면은 그동안 잘 드러나지 않았습니다. 그러나 돌고래가 자연의 본성을 잃고 가족과 헤어져 극심한 스트레스를 받으며 펼치는 지금과 같은 공연과 체험은 잔인한 것은 물론 위험하기도 합니다. 인간의 잠시 구경거리나 오락을 위해, 또는 자연과의 교감이나 체험이라는 명목 아래 이런 일들이 벌어지는 것은 문제가 많습니다. 진정으로 자연과 교감하기 위해서는 지금과 같은 방식으로 동물과 마주해서는 안 되겠지요.

　돌고래는 수족관이나 동물원에 사는 동물이 아니라 바다에 사

돌고래는 바다에서 가장 행복하다.

는 동물이라는 점을 잊지 않았으면 좋겠습니다. 좁은 수조에 갇혔던 제돌이가 자신의 고향 바다에서 마음껏 헤엄치며 살아가는 것처럼 다른 돌고래들도 드넓은 바다에서 살아갈 수 있기를 바랍니다.

★ 함께 생각해요!

1 서울대공원에서 돌고래들을 고향으로 돌려보낸 까닭은 무엇일까요?
2 동물원이나 수족관 등에서의 공연과 체험을 어떻게 바꿔 나가야 할지 생각해 봅시다.

05
진정한 '동물 축제'가 되려면

우리 주변에는 동물과 마주할 수 있는 다양한 장소가 있습니다. 고양이 카페나 강아지 카페를 비롯해 미어캣이나 라쿤 등 야생 동물을 만날 수 있는 동물 카페도 그중 하나지요.

동물 카페에서는 친근하게 동물을 만나면서 직접 먹이를 주고 기념사진을 찍을 수 있답니다. 더불어 산천어 축제, 고래 축제 등 등 다양한 동물 축제가 있습니다. 여러 지역에서 열리는 동물 축제는 큰 인기를 끌면서 많은 사람들이 참여하고 있습니다.

 지속가능한 세상에서 동물과 공존한다는 것

동물 입장에서 생각해 보기

그런데 동물 카페나 동물 축제를 다시 생각해 볼 필요가 있답니다. 동물 카페에서 흔히 하는 먹이 주기 체험이나 사진 촬영은 사람에게는 재밌는 추억이지만 동물에게는 학대가 될 수도 있기 때문입니다. 동물 카페를 찾는 사람들에게는 어쩌다 한 번 하는 체험이겠지만, 동물들은 늘 몰려드는 손님들과 마주해야 합니다. 특히 동물 본연의 습성에 맞는 환경이 아니라 사람에게 맞춘 동물 카페에서 생활하면서 동물들은 큰 스트레스를 받고 건강이 나빠지기도 합니다.

동물 축제는 더 큰 문제가 있습니다. 이름은 축제지만 실상은 정반대인 경우가 많기 때문이죠. 동물의 이름을 내걸고 축제를 진행하고 있지만, 막상 대부분의 축제에서 동물들은 고통을 당하거나 목숨을 잃고 있습니다. 자기 이름을 건 축제에서 정작 그 동물들 대부분이 잡히는 대상이나 요리 등으로 생을 마감합니다.

대표 사례가 바로 산천어 축제입니다. 영동 지방에 사는 산천어는 영서 지방인 산천으로 이동하는 과정에서부터 스트레스를 크게 받습니다. 축제 때마다 수십만 마리의 산천어가 비좁고 빽빽한 공간에 갇혀 이동하고 이후 사람의 손이나 낚싯대에 치이는 고통 속에서 죽음을 맞이합니다.

산천어는 본래 차가운 물에서 사는 물고기인데, 산천어 축제에서는 산천어를 사람 손으로 직접 잡는 체험 행사가 열립니다. 이 과정에서 산천어는 사람의 손길이 닿을 때 화상을 입고 통증을 느낀다고 합니다. 사람들이 재미로 산천어를 잡는 과정에서 산천어는 죽음과도 같은 고통과 마주하는 것입니다. 게다가 산천어 축제 마지막 과정에서는 대개 직접 잡은 산천어를 현장에서 요리해 맛봅니다. 이름은 축제지만 산천어 입장에서는 축제라고 할 수 없겠지요.

나비 축제도 마찬가지입니다. 축제장에서 나비를 밖으로 날리는 시기는 대개 5월 초에 집중되어 있는데, 이는 나비 생태에 맞춘 것이 아니라 어린이날을 비롯해 가정의 달 5월에 행사 시기를 맞춘 결과입니다. 이때는 나비가 정상적인 활동을 하기에는 기온이 낮습니다. 이런 상태에서 나비를 날려 보내는 것은 생태적으로 큰 문제가 됩니다. 나비들이 제대로 살 수 없겠지요?

진정한 동물 축제가 되려면 나비와 산천어 같은 동물과 공존하는 방법을 나누는 자리여야 할 것입니다. 실제로 서울대학교 수의과대학 천명선 교수 연구팀이 2013-2015년 전국 86개 동물 축제를 분석한 결과를 보면 대다수 동물 축제에서 최종 목적은 '먹기'였습니다. 축제의 하이라이트는 맨손으로 잡기와 같은 체험이었습니다.

2018
7월 7일 (토)
JULY. 7th
12~6 PM
밍크고래
두둥~♪ 제1회
Animal Carnival
동물의 사육제
서울 혁신파크 피아노숲
@ SEOUL INNOVATION PARK
동물축제반대축제
"AGAINST CRUELTY IN" ANIMAL FESTIVALS
오로지 재미로 죽이거나 괴롭히는
생명을 함부로 대하는 걸 가르치는
동물을 이용만 하고, 보호에는 무책임한
반생태적, 반환경적, 반생명적인
이어보세요!
고래 축제
산천어 축제
나비 축제
소싸움 축제
fb.com/animalcarnival2018
@animal_carnival_2018
에서 알찬 프로그램을 확인하세요!

'동축반축' 포스터.

동물 축제 반대 축제?

이런 문제의식으로 '동축 반축'이라는 특별한 축제가 시작되었습니다. 바로 동물 축제 반대 축제입니다. 기존 고래 축제에서는 고래 고기를 맛있게 먹는 것이 하이라이트였는데, '동축 반축'에서는 고래 보호 프로그램을 중심으로 축제를 새롭게 기획했습니다. 사냥과 음식의 대상으로 고래를 바라보지 않고, 고래의 종류와 역사를 살펴보며 고래에 대해 새롭게 알아 가는 것입니다. 이 과정에서 자연스럽게 고래가 얼마나 고통받고 있는지 알게 되는 것이죠. 이를 통해 생태적으로 고래와 함께 행복하는 방법을 모색해 보는 기회가 열리게 됩니다.

동물이 소비되고 오락거리로 전락하는 것을 반대하면서 동물 입장에서 기존 축제를 새롭게 살펴보는 방식이 '동축 반축'입니다. 동물은 한 마리도 동원되지 않지만 연극이나 음악 공연 등 다양한 참여 프로그램을 통해 동물과 함께하는 방법을 다채롭게 살피며 유쾌한 축제를 만들어 갑니다. 인간과 동물의 공존을 더불어 만들어 가는 축제는 기존 동물 축제와는 다른 새로운 가능성을 열어 가고 있습니다.

동물 축제가 앞으로 어떤 모습으로 바뀌면 좋을까요? 적어도 지금까지와는 달라진 모습을 가져야 하지 않을까요?

　지속가능한 세상에서 동물과 공존한다는 것

1 동물 축제 반대 축제는 왜 열리게 되었을까요?

2 동물 축제를 어떻게 바꿔 나가면 좋을지 생각해 봅시다.

참고자료

도서 및 보고서

농림축산식품부, 〈2019년 동물보호에 대한 국민의식조사〉, 2020.

동물권연구변호사단체 PNR, 《동물법, 변호사가 알려드립니다》, 리리, 2020.

마크 롤랜즈, 《동물도 우리처럼》, 윤영삼 옮김, 달팽이, 2018.

배성호, 《선생님 평화가 뭐예요?》, 철수와영희, 2019.

이항·천명선·최태규·황주선, 《동물이 건강해야 나도 건강하다고요?》, 휴머니스트,
    2021.

최혁준, 《고등학생의 국내 동물원 평가 보고서》, 책공장더불어, 2014.

캐스린 길레스피, 《1389번 귀 인식표를 단 암소》, 윤승희 옮김, 생각의길, 2019.

피터 싱어, 《동물 해방》, 김성한 옮김, 연암서가, 2012.

헨리 S. 솔트, 《동물의 권리》, 임경민 옮김, 지에이소프트, 2017.

인터넷 기사 등

〈경향신문〉, "'보호'는 오만…법인격체로 인정하라", 2020년 10월 23일.

〈다음 브런치〉, "패션에서 착취당하고 있는 동물들 이야기(2): 양", brunch.co.kr/
    wikifadi/22

〈데일리벳〉, "OECD 자살률 1위 한국 , 반려동물이 주는 정서적 안정 연구 필요하다",
    2020년 11월 25일.

 지속가능한 세상에서 동물과 공존한다는 것

〈동물권행동카라〉, "[후기] 개헌동동 초청 강연: 헌법에 동물보호 명시, 왜 필요한가", 2018년 9월 6일.

〈램인터내셔널〉, "열악한 사육 환경에도⋯동물 학대 사실상 처벌 불가능", 2020년 4월 6일.

〈로톡뉴스〉, "동물은 소송 못해? 그럼 '후견인'을 세운다⋯동물 위해 발 벗고 뛰는 변호사", 2020년 10월 8일.

〈애니멀플래닛〉, "잔혹한 방법으로 길고양이 살해하는 한동대 '연쇄살해사건' 목격자를 찾습니다", 2020년 3월 18일.

〈연합뉴스〉, "유럽의회 '화장품 동물실험 금지 2023년까지 전 세계로 확대해야'", 2018년 5월 11일.

〈연합뉴스〉, "[카드뉴스] '인간 동물원'을 아십니까", 2018년 7월 29일.

〈오마이뉴스〉, "[넷플릭스 리뷰] 다큐멘터리 영화: 우리의 지구를 위하여", 2020년 10월 14일.

〈오마이뉴스〉, "차별 없는 죽음, 무차별 살처분", 2021년 1월 18일.

〈오마이뉴스〉, "돌고래 체험시킨 부모들, 이건 알았을까?", 2014년 7월 14일.

〈소비라이프〉, "옷 한 벌 살 때마다 수십 마리의 동물이 희생되고 있습니다", 2019년 8월 12일.

〈식품음료신문〉, "국내 채식 인구 150만⋯ 10년간 10배 증가", 2020년 3월 11일.

〈조선비즈〉, 이수진, 시각장애인 안내견 국회 출입 논란에 "허용해야⋯동물국회는 사람이 만들어", 2020년 4월 19일.

〈축산신문〉, "[방역은 과학이다] 항생제 내성 현황과 올바른 사용 방안", 2020년 11월 25일.

〈한겨레〉, "동물단체들, 문 대통령 '개 식용 금지 검토'에 '더 없이 반가운 소식'", 2021년 9월 28일.

동영상

TED 강연 한글, "제인 구달이 말하는 사람과 동물이 공존하는 법", 2007.

논문

송진영, "동물보호법제에 관한 법정책적 연구", 석사 학위 논문, 대진대학교 법무행정대학원, 2017.

Carter, Neil H. & Linnell, John D.C., "Co-Adaptation Is Key to Coexisting with Large Carnivores", *Trends in Ecology & Evolution* 31(2016), 575-578.

 지속가능한 세상에서 동물과 공존한다는 것

이미지 출처

19쪽: 위키피디아 커먼스

21쪽: 광주동물보호협회 위드 웹사이트

28쪽: 위키피디아 커먼스

33쪽: 위키피디아 커먼스

37쪽: 위키피디아 커먼스

44쪽: https//denstoredanske.lex.dk/Jane_Goodall

51쪽: 위키피디아 커먼스

54쪽: 농림축산식품부

57쪽: 위키피디아 커먼스

62쪽: 연합뉴스

66쪽: 법무부

72쪽: 위키피디아 커먼스

79쪽: (사)동물권행동 카라

86쪽: flickr.com

91쪽: pixabay.com

98쪽 상: pixabay.com

98쪽 하: flickr.com

105쪽: 위키피디아 커먼스

109쪽: flickr.com

117쪽: pixabay.com

119쪽: pixabay.com

125쪽: 위키피디아 커먼스

131쪽: flickr.com

135쪽: 위키피디아 커먼스

136쪽: 식품의약품안전처

140쪽: 연합뉴스

151쪽: 위키피디아 커먼스

175쪽: cites.org

180쪽: 국립생태원

181쪽: 경기도청

185쪽: flickr.com

192쪽: pxhere.com

197쪽: '동축반축' 페이스북 홍보 페이지